上海总商会纪事

史迹寻踪

徐惠明 主编
王昌范 编著

上海人民出版社

目　录

会馆公所是近代商会的基础

中国商会至今已有100多年历史。近代商会出现之前曾有会馆公所的存在，商会的议董、会董均为各会馆公所推选的代表。这些代表有的是由会馆公所的总董充任、也有的是由会馆公所的会董充任，规模较大的会馆公所有时还推选多名代表。可以这样认为，会馆公所是近代商会的基础，会馆公所似如现行商会的团体会员。会馆公所起始于何时？它们是在怎样的时代背景下设立，与当时的社会经济发展有何影响，其主要功能是什么，其中有些什么人物？这些人物与上海商会有什么联系？

早期工商业组织发轫于行会。“行”的名称，最早见于隋代。隋时东京丰都市有“一百二十行，三千余肆”。唐代市肆中已有“行头”、“行首”、“行人”。南宋在临安、汴梁、建康、吴兴、昆山等处，均有“行”的存在，仅在临安一地就有“四百十四行”。元明之际，“行”屡见于曲艺话本。元曲中有“列一百二十行”“经商财货”的唱词。明人的小说亦有“三百六十行”说法。“行”是社会发展的产物，欧洲中世纪出现的基尔特（guid或gild）制度，类似于中国的“行”。所谓“行”，原来是工商业者集合在同一区域，为维护生产经营等共同利益而产生的一种组织。

会馆的名称初见于明代。明刘侗《帝京景物略》“文丞相”条云：“……丞相庐陵人，庐陵人祠丞相于学宫外，曰怀忠会馆。”后有谓“会馆系在明嘉（靖）隆（庆）年间，始创于北平，旋次第传播于各地”之说。但最新的学术成果，认为会馆是源于永乐十三年（1415）明政府决定将3年一度科举考试的地点，由南京正式迁往新都北京后出现的。当年，各省举子赴京参加“会试”，人数达五六千人之多，政府虽然提供一定的车马费，即“公车”，却不能全部解决考生和随行人员的食宿问题，于是，提供同乡举子及随行人员食宿的会馆便应运而生。首先是安徽芜湖人在北京设立的芜湖会馆。遂各省在京的士商纷纷效仿。这一说法比“嘉靖隆庆（1522—1572）说”提前了100多年。

任何事物都是随着社会经济发展而发展的，会馆也不例外。会馆行至清康（熙）乾（隆）年间，商业机能开始显现出来，一方面更多地用于商人议事、存货，另一方面还表现出同业性质的加强，成为工商行业的组织。

公所的起源，约在会馆之后百年。由于商品经济发展，市场扩大，社会分工有了进一步细化，而会馆作为同乡同业的组织，具有浓重的地域观念，严重阻碍了行业的分工和发展。于是，按行业命名的公所应时而生。

会馆和公所，虽就其原义言，一是同乡性质，一是同业性质，但有本系会馆性质而称公所的，也有本系公所性质而称会馆的，还有先称公所后改称会馆，或先称会馆后改称公所的。两者名称虽不相同，实无本质差异。

现在知道的上海最早的公所是清顺治年间（1644—1660）的关山东公所。关山东公所是在上海从事贸易的关东、山东两帮商人，集资在上海县城西购田50亩，作为客死他乡两帮商人埋葬的公地，这是典型同乡性质的会馆公所。确定关山东公所是上海最早的会馆公所，是上海市工商联在承编《上海工商社团志》时发现的一条线索，编纂人员在《上海碑刻资料选辑》读到“关山东公所义冢地四至碑”，核对了《民国上海县志》记载商船会馆的时间，发现关山东公所比商船会馆早50多年。上海最早的会馆

1715年，上海沙船业主集资组建商船会馆。会馆设于马家厂（今南市会馆街），建筑占地20亩，崇奉天后圣母，系上海最早的同业会馆

是商船会馆，沙船商人创建于康熙五十四年（1715 年），会址设于马家厂（南市会馆街），占地面积 20 亩，崇奉天后圣母，这是典型同业性质的会馆公所。

1902 年上海商业会议公所 5 位总董均出自会馆公所，浙江慈溪人严信厚（筱舫）代表四明公所、南帮汇业，他的其他身份是中国通商银行总董、上海商务总局总董，广东香山人唐杰臣（荣俊）代表广肇公所，他是广肇公所总董，他的其他身份是怡和洋行买办、上海内地自来水公司总办，广东高要人梁钰堂（荣翰）代表徽帮茶栈业，他的其他身份是南洋筹捐彩票局总办，江西清江人陈润夫（作霖）代表江西会馆、南帮汇业，浙江定海人朱葆三（佩珍）代表五金洋货业、四明公所，他的其他身份是平和洋行买办，中国通商银行总董。其他议董、会董绝大多数来自会馆公所，可以这样认为，会馆公所是早期商会的基础。

（文 / 王昌范）

钱业的南公所和北会馆

钱业，乃钱庄行业。钱庄，旧时金融业态之一。钱庄起源于何时？说法不一。《儒林外史》第十五回有钱庄的描述：“马二先生喜出望外，一连倒出六、七锭大纹银，心里疑惑，不知可用得否。当夜睡了，次日清晨上街到钱店里看，都说是十足纹银，随即兑换了这些铜钱拿回收好，赶到洪憨大仙下处来谢。”文中钱店即上海人称的钱庄。《儒林外史》是吴敬梓（1701—1754）的中晚年作品，他假托明代，实写清代，可见钱庄在清朝之前已产生。

上海始有钱庄，一般沿用秦润卿先生在“五十年来上海钱庄业之回顾”一文中的说法：大抵钱庄之滥觞（起源），实始于旅沪绍人所设之煤炭肆（店），兼营小规模之存放业务，积之稍久，各方称便，业务日见发达，相继开设者日众，渐次形成钱庄之一专业。秦润卿先生从事钱业60年，担任过上海总商会副会长、钱业公会会长，他的说法应该具有权威性。我曾读过一份未刊史料，是前上海总商会执行委员会主席委员赵晋卿在1961年12月的谈话记录，大意是钱庄起初由绍兴人来上海做生意，以酒和木柴换上海的土布，先是物物交换，后来交易频繁，遂兼营钱业。在地域上也不限于绍兴一地商人，逐步扩大到宁波、苏州、温州等地商人。笔者觉得赵晋卿说法也有参考价值，比较全面，且切合实际。

清乾隆年间，钱庄在上海已经成为一个具有相当规模的独立行业。当时上海的钱业总公所就设在豫园内园，早在嘉庆二年（1797）的一块碑上就镌刻着当年钱业公所的董事名录，1921年重修内园碑文中也有记载：“乾隆间钱业同人醵资购置，为南北市总公所……盖自乾隆至今，垂二百年，斯园阅世沧桑而隶属钱业如故”。据考：乾隆四十一年（1776），在方维馨、王聚安的倡议下，钱业同人经过酝酿，集银1000两，买下东园晴雪堂房产，作为商议钱业公共事项的场所，即钱业总公所，也称内园钱业馆。钱业总公所以秦裕伯为祭神，“以时会集、寓乐群之雅，事涉闳旨，辄就谋议”。公所的会员是钱庄，但不是所有钱庄都能入会的。钱业分为汇划庄、挑打庄、零兑庄。汇划庄资本较厚、营业范围较广，所出的庄票信用度高，流通普遍。通常所称的上海钱庄，实指汇划庄而言。挑打庄的资本较小，营业范围也窄，对于票据的收解须托汇划庄代理，它有元字庄、亨字庄。零兑庄的资本最小，主要业务是零星兑换银元、辅币等，以现兑现，又称作现兑钱庄，它有利字庄、贞字庄。其中汇划庄才能成为会员，汇划庄又称入园钱庄，大同行。元、亨、利、贞字庄称小同行，又称未入园。公所不定期推举出10余名钱庄主为董事，董事采取轮值制主持会务，另有经行、经差、住持等职员处理日常事务。

乾嘉时期，上海钱庄均在县城内，超过100家。租界形成后，尤其是咸丰三年（1853年）小刀会起义，咸丰十年（1860年）太平军逼近上海，城内钱庄为躲避战祸，渐迁租界，形成南北两个市场。至光绪二年（1876年），上海共有钱庄105家，其中北市63家，占60%，南市42家，占40%。钱业分为南市和北市后，业务往来诸多不便，开始筹划设立各自的同业组织。

南公所是南市钱业公所的简称。《上海工商社团志》里有一则关于南公所的记载“光绪九年（1883年），钱业总公所董事冯莲汀召集南市钱庄主，集资购买大东门里施家巷6分地产暨12间房产，设立南市钱业公所，称集益堂，取集思广益之义。凡关于南市钱业的公共事项，均在此议决。光绪三十一年，各庄又捐资，花费6000银两将所舍重新翻修，分设有祭神厅、先董厢、宾朋聚会厢，落成时立牌记略，张扬捐银者的姓氏。南市钱业公所的历任董事有经芳洲、宋子美、赵朴斋、胡小松、叶丹庭、陈乐庭、王伯埙、蒋蔚斋、吴蕺园、陈达三、冯莲汀、吴玉甫、宋子芗、胡竹君、朱蔚堂、沈少南、陈治卿、孙荻洲、刘杏林、赵松坪、林莲荪、孙礼庭、谢小云、朱允升、钟新甫、沈景周、汪介眉、徐寿昌”。这段文字将南市钱业公所的轮廓勾勒出来了。在此需要补充的有三点：一是据1916年商务印书馆出版的《上海指南》卷三“公共事业、公所会馆”章节写到钱业公所在南市王家嘴角施家巷6号，笔者以为此时已把该公所编上门牌号码；二是名称，有的称沪南钱业公所，有的谓南市钱业公所，公所肯定是同一个，称谓不同，刻在碑上为“沪南”，而业内俗称“南市”，或许是钱庄汇划庄票须经过市场完成这个缘故才称“南市”的；三是祭神厅放何神像，内园钱业总公所放的是城隍秦裕伯。南市钱业公所放何神像呢？笔者翻阅过一份1957年2月的工商史座谈会记录，参加会议的有秦润卿、赵晋卿、严谔声和盛丕华4位，谈的是南北市钱业会馆的事，其中谈到在南北市分开前，钱业在城中老北门穿心街（今福佑路）有一财神殿，供菩萨，有专人管理。或许就是南市钱业公所放的是财神？

北会馆是北市钱业会馆的简称。关于北市钱业在这个座谈会上也谈到，北会馆在北河南路，由延康钱庄的陈笙郊等人发起。据时任市工商联主任委员盛丕华回忆：“陈笙郊是浙江余姚人，在出任通商银行第一任经理后不久便去世。”

沪北钱业会馆落成于1891年，占地16亩，有前后两殿和两座戏台，在照墙和仪门上遍雕《三国志》《岳传》《白蛇传》等人物形象。地址在今上海河南北路塘沽路转角（即新中中学及塘沽路第二小学校址）

北市钱业是光绪十五年（1889年）在北石路（今福建北路）组建同业组织，并由陈淦（笙郊）和上虞人屠成杰（雪峰）、余姚人王尧阶（蓂生）、谢纶辉，慈溪人罗秉衡、袁联清，鄞县人李汉寿发起集资建造北市钱业会馆。北会馆择址文监师路（今塘沽路）、铁马路（今河南北路），占地16亩，造价12万银两，工时耗费2年，于光绪十七年竣工。会馆有前后两殿和两座戏台，在照墙和仪门上，遍雕《三国演义》《岳传》《白蛇传》等人物形象，内设先董牌位房、公共议事厅、养疴（重病）院，馆所周围还建造了数间平房，用以租赁。馆所落成之日，举行了大型的祀神演戏活动，昭示众人观看。钱业会馆将每年的正月十五日作为祭神、祭先董日，这一天各庄集会于此，看戏和交流信息，并公举董事、司事，以及修订业规等。其中会馆中的养疴院是一大特色，专为旅人、疾病患者所设，成为会馆的慈善事业，所谓"徙旅疾疢（病），猝无所归，医于斯，药于斯，以惠众也"也显示出钱业领袖仁慈之心和以人为本的思想。历任北市钱业会馆的董事有胡庄祖、庄尔芗、周蓉汀、朱二泉、经莲珊、应少安、张宝楚、洪凤洲、冯泽夫、屠云峰、陈笙郊、罗秉衡、李墨君、王蓂生、袁联清、胡稑芗、谢纶辉、洪念祖、朱五楼、丁价侯、袁康祺、严价人、张知笙、陈一齐，由他们主持会馆的重大事务。日常事务则由各庄每月轮流主持。北市钱业会馆同样也称沪北钱业会馆。

钱业南北各自设立公所会馆后，各设市场，议订行市，各自为政。然而，内园仍作为南北市钱业总公所，所有内园一切经常和临时费用，均由南北市全体同业公摊。每逢岁首，南北各庄执事，齐集内园，举行年会，商讨一年营业方针及兴革诸事，凡有决议，制为条规，全体恪守。此外凡遇临时发生重大事件，须南北市全体同业协议取决者，亦于内园开会。

民国6年农历正月十九日（1917年2月10日）北市钱业将钱业会商处改组为沪北钱业公会。附设于上海总商会内。由于南市钱业觉得遇事隔阂不利于联系，经与沪北钱业公会协商，于同年2月23日召开南北同业联席会议，决定南北合组公会，将沪北钱业公会改为上海钱业公会，南市各钱庄全部加入。公会经费和总商会的各种会费及义务，南市各庄承担五分之一，北市各庄承担五分之四。南公所和北会馆由此联合。从1883年南市钱业公所设立至1917年上海钱业公会成立，南北钱业分峙34年，其中北会馆存在28年，南公所存在34年。

上海钱业公会至1931年10月16日根据《同业公会法》改组为上海市钱业同业公会，1949年12月18日，钱业与银行业、信托业三业合并成立上海市金融业同业公会筹备会。从1917年至1949年公会换届12次，历时32年。

北会馆后作为钱业公会附设钱业夜校，1925年创设钱业公学，1931年改名为私立钱业中小学，1932年改为私立钱业初级中学，新中国成立后曾为新中中学及塘沽路小学的校舍。20世纪80年代末期，因拓宽河南路将原建筑拆除。

南公所后作民居，南市老城厢在2000年逢市政动迁，重建沪南钱业公所碑被发现，所幸的是黄浦区人民政府在规划古城公园时，将此碑移建于安仁街，利用原有一处4—5米挑高的老建筑作基础，修复成三进院落式清代建筑，前为砖雕门楼，中有茶厅，后为大殿，这就是现在人民路333号古城公园内的沪南钱业公所。

（文/王昌范）

曾铸《山钟集》诞生记

写下《山钟集》这个标题，首先就得解释一下“山钟”一词的来历。南朝宋时期的刘敬叔，在他的《异苑》这部笔记小说中记载了这么一个故事，三国鼎立时代，魏国宫殿前的一口大钟，有一次无缘无故地大声作响。人们都觉得怪异，就去问张华，张华说大钟自己响起来，那是因为蜀郡铜山崩塌了，造成大钟共鸣。不久，蜀郡上报其事，果然四川有座铜山崩塌。“山崩钟应”于是比喻事物相感应，“山钟”即为“山崩钟应”的缩语。《山钟集》所记录的，就是上海商务总会发起、海内外华人积极响应的抵制美货运动，因为“国民合群，响应神速，犹如山钟”，因是题名。

伊熙績鑒定　蘇紹柄編輯

山鍾集

蘇本廉
蘇本炎 校字　徐揆太署贉

《山钟集》扉页

《山钟集》收录的资料，围绕着这场运动的领袖人物、上海商务总会议董曾铸。曾铸（1849—1908），字少卿，福建同安人。少时博览群书，并酷爱绘画。后来沪帮父经商。他通过贩运南洋大米、海味、食糖及洋货等获利甚丰，后捐花翎二品封典、候选道，成为上海著名绅商，上海商业会议公所成立时即为会员，上海商务总会建立后成为议董。抵制美货运动的根源是美国国内排华运动的疯狂，美国利用1894年与清政府签订《限禁来美华工、保护寓美华人条款》中“遵守美国政府随时酌定章程”的规定，在十年里不断增加限制华工和排斥华人的各项条例，各种限禁扩大到商人、学生、游历者，甚至连清政府的外交官员也遭到了种种侮辱和留难。当条

曾铸像

约期满之时，清政府决定不再续约，另订新约，但遭到美方的施压。1905年5月10日，上海商务总会召集会议，决定如美方不同意改良工约就实施抵制美货，以此支持政府外交、迫使美国调整对华政策。曾铸在会议上登坛演说，激昂慷慨，震撼人心。在会议决定传电外务部、商部、全国各商埠必须有人领衔时，曾铸激于义愤，挺身而出，领衔传电。在上海商务总会与美国新任驻华公使柔克义、美国驻沪总领事的交涉活动中，曾铸也充当了主要角色。由于美方没有接受两个月内改约的要求，上海商务总会在7月20日通电全国35个商埠，宣告抵制美货行动正式开始。一时间，中华大地上，“内而穷乡僻壤，远而陕甘云贵，无一处不云合风从，影响之大，传布之速，为历来所罕见”。在抵货运动开展的过程中，美国加强外交施压，清政府从倡议时的默许转向对运动的压制，参加抵制美货运动各方的主张意见也并不完全一致，曾铸承受着沉重的内外压力。8月11日，曾铸发表《留别天下同胞书》的公开信，讲述了8月10日有两位素不相识之客登门，详言有人商议图害情形，历历如绘，力劝曾铸暂时走避，若不走避，万难免祸，以致声泪俱下。曾铸表示绝不一走了之，他公开宣布每日起居时间，表示自己不惧谋害，静以待死，只盼同胞在他死后能“相继而起，挽回国势，争成人格，外人不敢轻视我，残贼我，奴隶我，牛马我，有与列强并峙大地之一日”。这场抵制美货运动对中美关系的走向产生了重要影响，梁启超称赞上海商务总会的议董们以私人之资格，以一二月间极短之晷刻，而能动世界两大国国际之关系，使地球诸国都瞠目结舌，感叹“中国不可侮！中国不可侮！”曾铸在这场运动后成为上海绅商的新领袖。1905 年 10 月，他被推选为上海城厢内外总工程局办事总董，参与地方自治运动。同年 12 月，曾铸被选为上海商务总会总理。

《山钟集》由苏绍柄编辑而成。苏绍柄的父亲苏升是上海商界领袖之一和上海建汀会馆的创始人之一，苏绍柄自己喜欢读书，考中秀才，抵制美货运动期间正在苏州经商，并在苏州的福建泉、漳两会馆任事。苏绍柄往来于苏沪之间，积极响应和支持抵制美货。1906 年，曾铸将抵制美货运动中各种来往电文、函件、文稿等交给苏绍柄进行编辑，以免散佚。苏绍柄让苏本炎、苏本廉对《山钟集》进行文字校对。苏本炎是苏绍柄哥哥苏梦渔的长子，从小聪颖，13 岁那年就到曾铸在洋行街经营的一家海味行学业，深得曾铸器重，曾铸以爱女曾泽新相配，两人结为翁婿，苏本炎这时创办了上海民立中学、民立女子中学堂、民立幼童学校。苏本廉是苏绍柄的儿子，是位监生。苏绍柄将抵货运动时期的各种文稿、电函等编成 4 册，题名《山钟集》，由鸿文书局印刷，觉觉社 1906 年发行。在《山钟集》的扉页上，印着曾铸肖像，由伊熙绩题写了“二十世纪中国商界第一伟人曾公少卿肖像”的说明文字，还有王大纶撰文、苏绍柄书写的“二十世纪中国商界第一伟人曾公少卿像赞”。《山钟集》收录的《曾少卿留别天下同胞书》以及各埠抵约来函，言言本志士侠肠，字字由国民热血，至今读来，上海商务总会曾铸登高而呼，唤醒国魂，海内外华人众山响应，遐迩景从的场面，情景栩栩如生，令人荡气回肠。

（文 / 许冠亭）

上海商团简述

1905年底，上海发生大闹会审公廨案，租界巡抚罢工，当局请万国商团出来维持社会治安，但因与租界上的华人语言不通，常常发生摩擦，租界商民的商业活动受到威胁。不久，上海商务总会议董、华俄道胜银行买办虞洽卿会同华比银行买办胡寄梅、花旗银行买办袁恒之商量，认为维护华商利益，保护租界华人生命财产系当务之急，拟创设“华商体操会社”，立即在南京路高阳里4号设立筹备处，商请上海商务总会会长担任名誉会长，并由上海商务总会向各业会员筹措款项，并拟定章程，选定操练场地，物色训练教官，号召青年人参加。

1906年5月20日，选出华商体操会社会长虞洽卿、副会长袁恒之、会计员楼恂如、胡寄梅，监督员聘请上海商务总会议董李云书以及顾企韩、叶子衡、邵琴涛，评议员聘请上海商务总会议董祝兰舫、袁联清，干事员是上海商务总会翻译朱仲宾、书记员陈伯刚。同时，颁布该会章程34款，其宗旨为“健身卫生、尚武强身”，章程对会社名称、入社资格、会社职员、队员着装、操练要求均作出规定。“华商体操会社”正式成立，有队员300多人，分编成4个步兵队，1个骑兵队，1个军乐队。会社聘请圣约翰大学、圣约翰中学的毕业生陈既明、郑松生、徐通诰、石运乾担任教官，训练场设在浙江路、海宁路的一个广场空地，并购置军装、枪械，开设健身房，每天利用商余时间进行操练。

华商体操会社有上海商务总会的经济资助，加上虞洽卿等人的严格管理和教官的严格训练，面貌非常精神，每次出操时，都会引来众多百姓的驻足观看，并不断有喝彩叫好声。1906年末，虞洽卿、袁恒之致函租界工部局总董，提出申请加入万国商团。几经交涉，工部局董事会提出：

（1）华商体操会应遵从西商团练兵之章程操练之法，概归一律传令之辞则用英语；（2）简派外国武员2人为体操会司令官，并授特别之教练；（3）未授职任之将校兵人应先操练20次，经在事将校查验后始得注名入队；（4）该会之会友应有寓居租界之体面华人为之保证；（5）该会会友之数以100人为额，如其数减至50人以下则该会当即解散；（6）该会只能于操练及任事时执持军械。以此苛例来接纳华商体操会社，面对这些歧视华人的条件，虞洽卿要求华商先不要争辩，待加入万国商团后，再逐一交涉。1907年4月29日，在华商体操会社中挑选了83位队员，由虞洽卿为全体队员作保，在南京路市政厅（今新雅酒楼旧址）签约加入万国商团，称“万国商团中华队”，由工部局委派洋人柯必特、葛雷烈、萨义克担任正、副队长，其余的队员则为中华队的候补队员。

万国商团中华队在相继建立的华商商团中俗称“沪北商团体操会”，正式队员所需的服装、军械由万国商团提供，活动经费则由上海商务总会承担，队员训练、考核成绩优秀者，被确认具有商务总会的“特别个人会友”之资格。

1911年辛亥革命前夜，全国各界都在谋求救亡图存之策，上海商务总会议董沈缦云在“国会请愿”失利后，回沪鼓动革命，3月22日，邀沪北商团体操会、上海南市商团公会联合组成了全国商团联合会，虞洽卿被推举为名誉会长。

万国商团中华队成立后，出操、比赛均取得好的成绩。1910年，万国商团中华队首次参加“脑维斯杯射击比赛”，以135分的最佳成绩赢得冠军。1913年允许队员操后携枪回家；1921年英籍队长柯必特回国，徐通浩继任，以后一直由华人担任队长，分别是曾任华比银行买办的胡筠秋，曾任全国体育协会总干事的郝伯阳，曾任上海市政府秘书的张廷荣，棠福洋行经理王衍庆，曾任江海关海务帮办及上海港口警察长的陈时侠。1928年，中华队改英语口令为华语口令，人数也不受百人限制。1932年，有计划扩建中华营。

上海总商会始终为中华队提供经费资助，并且对在中华队有5年以上奉职的队员，给予“特别个人会友”的资格，同样赋予选举权。1942年9月3日，工部局作出裁撤万国商团的决议，中华队同时结束。

（文/王昌范）

上海总商会力助粤商反对“江海关专栈新章”事件

清朝中叶以降，广大来沪粤商因地缘、业缘、乡缘关系，陆续加入了由同乡商界翘楚徐润、唐廷枢等人领导的粤人会馆或公所（会馆与公所，都是有商会作用的同乡会组织），这其中，又以体量规模最大、社会影响最为广泛的上海潮州会馆和广肇公所最具代表性。他们和上海总商会之间，不时有同心协力的友好合作与双赢共利，发生在1913年的反对“江海关专栈案新章”事件就是其一。

1913年2月，上海江海关税务司美国人墨贤礼在未与上海商界商洽，并取得众商家支持之际，悍然签发“特别专栈新章”（下简称为《新章》），规定订货物存放关栈（关栈是税关所设置用以尚未通关的货物积存的仓库）的期限由2个月改为15天，超期罚款。这是一种明显增加税收的规定。《新章》甫出，商界哗然，作为商人组织的会馆、公所群起反对，因为这一行

潮（州）湖州会馆风情图

为严重损害旅沪沿海各客籍商帮利益。依靠大宗商品（潮糖、土产等）货物进行航海贸易的潮商成为首当其冲的受损者，因为在物流过程中，平白无故地增加一大笔仓储费，无疑会提高运营成本。为了反对这一《新章》，潮州会馆、广肇公所先后联合一众会所及上海总商会，开始维权。在上海总商会的全力相助下，历时约半年，终于迫使税务司让步，使《新章》被拆销。事件的经过可谓一波三折，坎坷不平。

2 月，潮州会馆联络广肇公所等各地同业，致函税务司墨贤理，坚决反对并要求取消《新章》。毕业于哈佛大学的墨贤理，是海关总税务司赫德所欣赏的海关老手，他曾任朝鲜海关总税务司、中国留美学生监督和宁波海关税务司。函发出后，石沉大海，渺无音讯。时间一天天过去了，码头仓库业主趁机缩短免租期限，坐地起价，大发其财。

3 月，在焦急等待和慨叹愤懑中，潮州会馆等一众会馆经过商议，致函新组建一周年的上海总商会，以求老大哥全力声援。以周金箴为总理的上海总商会的介入，终于使事件有了转机。

3 月 6 日，上海总商会请准总税务司署，要求考虑并体恤上海沿海内陆商人的实际情况。不料，上海税务司闻讯后也是置若罔闻。上海总商会激愤之余，遂于 5 月 20 日联合潮州会馆、广肇会馆和各驻沪商帮，一一电告民国总统、国务院、税务处、工商部、财政部、外交部、参议院和众议院等机关，指控上海海关“新章”，要求取消税关特别关栈，电文说“所有起货、存栈、报验、完税各章程，悉仍其旧”。潮州会馆还于 4 月 24 日上书，指出因《新章》颁行，潮帮货物“商情不堪其苦”(《天津商会档案汇编》，第 3 册，第 3476—3477 页）。此后，上商总商会又不断发电，请求中央政府关注此事，给予解决，可此刻的北洋政府的心思却放在对外向五国银行团签订借款合约、对内加紧对革命党的弹压上，对接二连三而来的电文也是束之高阁，不闻不问。

两个月转眼即逝，7 月 16 日，“二次革命”打响之际，总商会暗示要罢市。听闻中国最大的商埠上海要罢市，本就财源紧张的北洋政府这才慌神了。那些高官们也知道上海商家是真急了，不解决，失了民心，局势失控，事情真会收不了场。基于此，28 日，袁世凯行大总统命令，由江海关通融办理。国家元首亲自下令，加之袁与墨在朝鲜共事时本就交好，江海关一众上下不敢怠慢，加紧办理，经江海关与码头企业业主协商，延长了货物存放的免租期限。

历时约半年，这一事件终于在上海总商会的相助下，在沪上众会馆公所团结一致和积极响应下，取得了较为圆满的解决。这一事件，让潮州会馆看到了上海总商会建章立制，运用现代化社团制度管理会所带来的成效，于是在这一年，潮州会馆《上海潮州会馆三帮董事会章程》也应运而生了。

（文 / 商志刚）

上海总商会在“二次革命”中的片断

上海总商会是辛亥光复后，由上海商务总会和上海商务公所合并，于1912年2月27日成立的。会址在铁马路（今河南北路）天后宫。第一届有31位议董；其中，周金箴任总理，贝润生和王一亭任协理；主要产业在闸北的有杨信之、陈润夫、祝兰舫、周舜卿、沈联芳、夏瑞芳、庞莱臣、印锡璋等人，其他人在闸北可能也有投资或产业。如贝润生和朱葆三等人在闸北叉袋角建有中兴面粉厂，贝润生又是闸北纶华缫丝厂和裕和缫丝厂的主要投资者之一。

1913年7月12日，江西都督李烈钧宣布独立，发布讨袁檄文，“二次革命”爆发。18日，陈其美任上海讨袁军（又称南军）总司令，宣布独立。上海绅商对“二次革命”，与对辛亥革命的态度很不同，害怕战事。

从17至22日，上海总商会召开了3次特会，专门讨论保护地方、维持商业问题，实际上是统一对“二次革命”的态度。参加17日会议的有21名议董和沈仲礼、虞洽卿等6名会员，周金箴请假。沈缦云报告了南方各省的形势，王一亭和议董、南市商会协理苏筠尚报告了筹办保卫团情况，请会议讨论总商会要不要加入保卫团问题。争论非常激烈。夏瑞芳表示，加入前“应知该团之主义何在”。沈仲礼表示，“如能将南北两方和平解决，不用武力”，应该加入。贝润生甚至咆哮说：“王一亭、沈缦云，汝纵可杀我，决不能使我赞成独立，且商会亦不能以独立通告商界。”最后只能以表决的形式做决定。结果除了王一亭、沈缦云、杨信之、顾馨一，均不赞成加入。贝润生让沈缦云转告陈其美，“勿逼迫北军”。激愤的王一亭宣布要辞职。苏筠尚、杨信之后来分别登报撇清自己曾赞成独立。

19日，李平书、王一亭会见制造局督理陈榥和袁军海军中将郑汝成，请他们顾全大局，和平退让制造局，并表示商界可送3万金让他们北归。20日，李平书又邀郑汝成等人和陈其美在高昌庙自来水厂会谈，天真地提出一个折中方案：封存制造局军火，待大局定后再处理。两次调停均无效。20日，总商会在《民立报》发表致孙中山、黄兴、陈其美和郑汝成的反对开战公函，称：“宋案发生以来，商困已达极点，何堪再起衅端。况上海为通商要埠，毗连租界，设再兵力从事，不独阛市遭殃，且恐外人干涉。本日各业代表来会声请，转恳执事为商民计，为大局计，万祈设法保全。”总商会在这封公函中暗示了将有外人干涉。

21日，袁世凯发布平叛通令，随即褫夺黄兴、陈其美等人的荣典军职并悬赏缉拿，削去孙中山全国铁路督办之权。

参加21日会议的有22名议董和虞洽卿等3名会员，周金箴主持会议，2位协董均到会。苏筠尚报告了与县议会一起奔走、调停多日无效的情况，大家讨论再劝两军退出，将江南制造局归保卫团暂管的可能性。讨论中，日本横滨正金银行买办叶明斋一厢情愿地认为“共和时代以民意为主体，公民保卫团为南北市公举，两军不能拒而不纳”。苏筠尚指出，保卫团没有军事实力，不宜任此重任。贝润生甚至提议，由领事团居中签字作证，让双方承诺不开战。印锡璋随即质疑，内乱请外国人出面，恐怕有损主权。傅筱庵提出：“现在时势已极急迫，我等在商言商，宜先筹保商为正办。”夏瑞芳强调，应该先明确总商会对“独立”的态度，再讨论如何应对。对该问题表决时，全票通过一项决定：通电北京国务院、参众两院及各省商会，不赞同此次“乱事”。随后，起草了致南北两军的公函，表明总商会的态度：“本日喧传南北军在制造局将有战事。商民恐慌，要求设法维持。顷间全体开会决议：上海系中国商场，既非战地；制造局系民国公共之产，无南北军争持之必要。无论何方先启衅端是与人民为敌，人民即视为乱党。”当时，北军援军未到，在制造局取守势，南军准备攻打制造局。

散会后，应多名议董的要求，周金箴、贝润生与夏瑞芳一起到荷兰领事兼驻沪领事团领袖领事处，请领事团协劝南北两军和平解决。领袖领事说，北京政府可以电告，但各国不承认南军，不便与他们商洽。可以协助保卫治安，“但须商会来函，方可与各领事妥议。”领事不愧是职业外交家，知道不能贸然干涉中国内政，必须有中方函请。如果发生外交争端，则责任在函请者。

22日，总商会再次开会，通过给领袖领事的邀请函。与会者有15名议董和朱鑑堂等10名会员，周金箴主持会议，2名协董均到会。如果是议董会议，尚不足法定开会人数。夏瑞芳对此事特别用心，起草了一份邀请函的初稿，以便与总商会起草的初稿比较、选用。众人讨论后觉得，总商会起草的那份更妥当。即发给领袖领事。邀请函措词比较含蓄，只说“务祈贵领事迅速筹商商民公意，商场万不能作战场，庶商务、治安两有裨益”。会上还通过了一份登报用的广告：“本总商会在商言商，迭次开会全体议董、会员同一意旨，保护商业治安，并无要求独立之议。”强调和统一了总商会的对外口径。

在此过程中，夏瑞芳尤为积极和坚决，闸北议董庞莱臣、印锡璋、杨信之、陈润夫、祝兰舫、周舜卿等积极参与，沈联芳未出席这3次特会，沈缦云只出席了第一次会。23日，王一亭向总商会提出书面辞呈。

上海反袁军得不到绅商支持，屡攻制造局不下，退守吴淞，8月12日退出吴淞炮台后溃散。在全国范围内，“二次革命”也很快失败。

1913年9月，袁世凯因上海总商会通电全国，首先反对“二次革命”，属于“深明大义”；命令“将出力人员择优开单，奖给勋章匾额等。”为此，9月27日，总商会将第18次常会改成常会兼特会，扩大范围讨论此令。与会者认为，反对“独立”，是全体会员所作的决定，非一二人之力所能致，政府不可能奖励每一个人，商界也没有邀奖之人。傅筱庵提出，目前，“商务困难，金融阻滞。政府有保护维持之责。鄙意当于辞奖呈内力请政府筹拨现款设法维持，俾商界得沾实惠”。众人认为应当桥归桥，路归路，辞奖呈不宜提这种要求。尽管总商会一致拒绝奖励，北京政府还是给赠予总商会“信义彪炳”匾额，给予集体嘉奖；授予贝润生四等勋章。同时，袁世凯通缉黄兴、陈其美等党人，以及助乱的李平书、叶惠钧、沈缦云和王一亭。这4个人有的隐居，有的流亡，沈缦云先是被郑汝霖“查明产业”，最终被暗中毒杀。

有意思的是，事后，袁世凯竟代陈其美归还了辛亥年的300万两借款。辛亥革命中，沪军政府用发放国库有期证券的形式，向上海绅商筹借了300万两白银，由政府担保偿还，还款期是1913年底。但这时，陈其美已避往日本，北京政府以款项无着为由，分文未还。上海总商会派虞洽卿专程到财政部筹商。国务总理熊希龄表示，为维护政府信用，应该尽快清偿，但国库一空如洗，且很难筹措。最后商定：1914年1月25日，即农历春节前，先还150万两现款，余款由北京政府的财政部换发有期证券，延期3个月偿还。实际上，袁世凯是用归还借款的名义酬谢上海绅商，满足上海绅商得沾实惠的要求；又用先给一半的办法，在局势不稳的历史时刻，约束绅商的行为。

1914年4月18日，总商会选出30人为新一届总商会议董；25日，选出总理和协理。周金箴仍当选总理，朱葆三当选协理。“二次革命”中任红十字会会长、调停有功的沈仲礼高票当选议董；先支持、后公开反悔的杨信之、苏筠尚也高票当选；支持独立的王一亭、沈缦云落选，2次署名登报请洋兵的周舜卿、庞莱臣也都落选，积极反对“二次革命”的贝润生未出现在选举名单中；夏瑞芳已遇刺。

（文/张 化）

夏瑞芳等人请洋兵经过

1913年7月12日，“二次革命”爆发。袁世凯高调维护共和，以争取政治上的正确性和合法性；要求商会劝导各商拒收“叛军”所发军用钞票，扣留革命党往来储汇款项，“用遏乱源”。上海总商会21日通电不赞同“乱事”；22日给驻沪领事团领袖领事发出请洋兵维护治安的公函，但说得非常含蓄，只说请他们“筹商商民公意”，不要让商场变成战场，并未明写请他们派兵进入华界。再者，总商会是全市性商团，并非闸北行政、军事和警务机关，更非闸北市民团体。租界当局收到公函，也只是调集军事力量、在界内加强防范。

7月23日凌晨至28日晚，陈其美率讨袁军（又称南军）5次在南市攻打江南制造局不克，军费开支极大，到8月8日，达200多万。南军在“取自街市商家”的同时，向绅商派捐巨款，商务印书馆5万，闸北其余商家2万—3万不等，且限期急促。各厂经理集议后认为，战事发生，民生涂炭，生意萧条，银根奇紧，一时无法筹措巨额现金。24日，南军驻沪司令部被迫由南市关桥（今白渡路、外马路一带）中华银行旧址迁至闸北冰厂桥路（今虬江路的宝山路以西段）南海会馆（老北站北面）。25日傍晚，从南市用小火轮运来六尊小炮及一批快枪，装置在司令部门前，炮口朝北；称打吴淞，其实射程只及商务印书馆等工厂，威胁夏瑞芳等闸北绅商。总商会通过王一亭，要求陈其美撤离，遭拒。北军力量单薄，不能兼顾闸北。

当时的闸北称“市”，相当于后来的镇。设有地方自治机构闸北市政厅，有收捐权，在共和路淞沪警察厅楼上办公。市长是闸北米业巨头钱允利，副市长是上海丝茧业巨头、上海总商会议董沈联芳，聘俞国桢为顾问。俞国桢是中国耶稣教自立会会长、牧师。自立会带动了中国基督教自立潮流的形成和发展，成为1950年代中国基督教三自爱国运动的先声。1903年，俞国桢在海宁路、克能海路（今康乐路）口筹建了教堂，风云际会中，成为闸北市民社会形成和发展的重要推手。当时，除了市政厅，有影响力的团体还有闸北商团和闸北市民公会，这两个团体的灵魂人物都是俞国桢；闸北商团是唯一的军事力量。这两个团体都坚决反对租界扩张。

相对南市和租界，闸北地价低廉，充满商机。闸北是淞沪铁路的起点，沪宁铁路在沪车站就是后来的老北站，是上海连接内地的交通枢纽，也是军事要地。苏州河北岸到沪宁车站之间，公共租界与华界犬牙交错，很多外国商人在此置有产业，很多丝厂主兼充外国丝商买办。1899年租界扩界时，就提出将闸北划入租界，清政府考虑到租界规定未经许可不可持枪械进入，一旦发生战事，铁路调兵运饷却瞬息难延，坚决不允。1908年，工部局再次提出扩界，又遭拒，公文往返拖到辛亥革命爆发，租界的万国商团乘乱占领了沪宁车站，后被闸北商团夺回。

一边是催逼军费甚紧的南军，一边是虎视眈眈、蠢蠢欲动却非要有中方明确邀请函的租界，却没有可以信赖和依靠的军事力量。夏瑞芳们被逼无奈，准备冒天下之大不韪，请洋兵。

1913年7月24日晚7时，上海总商会在会所商议如何保卫闸北之策。总商会总理、协理、议董均到，沈联芳打电话给俞国桢和闸北商团一区司令尹村夫参会，闸北市民公会议事会会长黄赞熙也与会。多数人认为以保全居民身家性命为重；提议由闸北市政厅、闸北市民公会、闸北商团联合发函，邀请租界的万国商团到闸北帮助商团和警察保卫华洋居民，并拟就了函稿。事实上，等俞国桢和尹村夫赶到，会议已经结束，沈联芳连声对两人说："外兵进驻闸北势所难免。"商团和市民公会日夜戒备、抵制租界扩张已有数年，现在却要请狼入室，俞国桢坚决反对，声明由三团体出面，有所未便；如果公民以个人名义出面邀请，三团体也不便干涉。当夜，商团1000多名团员持枪实弹，插上刺刀，守卫华租交界各路口，严阵以待。

25日上午9时，红十字会长沈仲礼和柯司医生会见李鼎新、郑汝成，请他们以人道为重，停战。两人给了拟就的外文回信，开出两个条件：一是南北军一律退往吴淞外决战，二是“闸北与城内不准再战”。11 时，两人携此信到闸北与陈其美商谈了 3 个小时，未得结果。两人再往领事团求助。各领事同声赞成出兵，马上与工部局主任等人约定，请总商会派代表于下午 4 时到工部局开会。

25 日下午，总商会通知开会，选派代表。俞国桢未到会。绅商认为，为免遭南市惨祸，应请洋兵；而且，在闸北的外国业主已经函请，恐难拒绝；不如开出防范条件明请。他们开出 3 个条件：不干预警察权、不干涉商团机关、事平后退出。选派祝兰舫、夏瑞芳、周舜卿、陈润夫、庞莱臣、洪少圃等 6 人为代表到工部局会商。当天下午 3 时，上海丝厂茧业总公所在北山西路（今山西北路）会所也召开临时全体大会，选派丁汝霖、吴子敬为代表赴工部局参加会商。

工部局董事在会商中称，居住在闸北的洋商业主纷纷来信、法国总领事转来宝山路天主教堂一函、闸北 15 家丝厂也发来公函，请工部局迅速派兵保护。现准备派万国商团前往，协同保护，未知闸北居民意见如何。代表即将在总商会议定的 3 个条件告知，并称如果租界没有乘势推广租界之意，我们就请工部局派兵。工部局董事等表示绝对没有推广租界之意，但要求正式送达邀请函件。当晚，工部局各董事经过长时间讨论，决定出兵。第二天，发表“严守中立”宣言，说：“租界及其北郊（即闸北）不得用为作战根据，亦不得用为图谋不轨之中心。为避免军事行动碍及和平之各国人民起见，中国任何方面之军队均须撤退北郊，任何方面之军事长官须离去北郊，否则严拿不贷！”这一宣言和李鼎新、郑汝成的要求高度一致，充分暴露了他们名为“中立”，实质藐视和干涉中国主权、敌视讨袁军的态度。

26 日下午 2 时，钱允利、沈联芳函请美国领事到闸北市政厅面商。随后，总商会再次集议，钱允利、沈联芳、俞国桢均到会。详细讨论了 25 日所议的 3 个条件，又加了 1 个条件：请洋兵的费用由闸北业主承担。这恐怕是为了表明洋兵系由闸北绅商所雇。众人把包含这4个条件的邀请函送交工部局总董。总董称均可照办。随后，由夏瑞芳、祝兰舫、庞莱臣、周舜卿、陈润夫、陈炳谦、洪少圃、叶綦斋、程兆基、余葆三、祝开源、钱树铭、潘存德、卢金鉴、陈贻斋等15个实业家，及15家丝厂代表丁汝霖、吴子敬具名，向闸北市政厅和警务厅发出“公函”：“值此存亡危急之秋，万不得已，偕同在闸北置有产业之洋人在工部局会议商请保护财产，会同贵警务厅妥为办理，已由工部局允可，”希商团和警政两界不要加以干涉。在报上发表时，叶綦斋、祝开源、钱树铭、潘存德、卢金鉴、陈贻斋隐去了姓名。8月5日再次登报告示时，在强大社会舆论压力下，仅剩洪少圃、庞莱臣、陈炳谦、祝兰舫、丁汝霖、夏瑞芳、吴子敬7人具名。

26日，沈联芳写了一封长信给尹村夫，要求辞去商团会长之职。按商团章程，会长的责任是监督全会执行会务，总司令只负责训练；况且尹村夫只是10个区中第一区的司令。沈联芳的辞职信只是表明了他对商团行为的不满和不再负责的态度。当天下半夜，沈联芳知道洋兵将于第二天一早入境，为免军事冲突，特地到俞国桢在海宁路教堂旁的住所，要俞国桢一起到尹村夫所率商团的宝山路防地，劝他们收队。尹村夫见沈联芳态度坚决，且团员已连续守卫48小时以上，精力确实难以支持，即气愤地说：“你是商团会长，爱怎么办就怎么办，何必问我！”于是大家不欢而散，团员也即收队。

27日6时，公共租界总巡捕房总巡卜罗斯率领万国商团中的美国队和日本队，排队、荷枪开进闸北。其实，从23日起，领事团已调各国军舰的水兵登岸，并增调兵力来沪。洋兵只是打万国商团的旗号而已。数十名炮队团员，携2尊大炮，直奔讨袁军总司令部，将由蒋介石率领的207名兵士驱逐出去。他们离开时只准带自己的衣服和席子，炮、枪和子弹全被收缴，存在会馆中，留日本兵驻馆看守。随后，卜罗斯率马、步、炮队100多人，至闸北市政厅驻防。下午，由万国商团中的中华队更替了美国人，华队负责人徐通浩到警察厅请见厅长，厅长不在，由卫生科长颜璧城接见。

徐通告说，此次工部局应众商邀请，派团员前来保护，实因闸北地方处处相连租界，且有不少寓居境内的各国侨民；如果有人怀疑工部局是乘机扩界，系属误会，应发布命令给各区署，晓谕居民，并令各长警等互相辅助，保全治安。并保证："倘三日安堵无虞，自当撤回。"事实上，洋兵直到8月17日才撤回，其间闹出一系列风波。

（文/张 化）

请洋兵引起的风波

风波之一。1913年7月27日洋兵开进闸北后，俞国桢临时召开闸北商团紧急会议，针对夏瑞芳等人的公函提出3条反驳意见。在将意见以闸北商团名义致函闸北市长的同时，公之报端。他们阐述不能请洋兵的道理，明确表达了准备武力抗拒洋兵的决心："一、所云司令部移至闸北一层应责任市民公会领衔请示移驻，以安人心。二、所云公民等身家性命财产，诚可依托一层。查闸北自他省以及制造局战衅以来，由各商团、警察等昼夜防护，秩序安堵如常，并未有盗窃之闻，人所共悉。今该公民等以其私产之关系，欲藉外人之力以作抵御，而谓商团与警察等未足，为力不胜。诧异按闸北如许公民谁无身家性命，虽财产未必如该公民等之富足，而身家生命之额数何止倍蓰，岂贸以少数人之私见而断送完全主权，其淆乱安宁实属丧心病狂。至外人之在闸北置有产业者，应与全境公民受同等之保护，毋须各自为谋也。以最近之事例之，如沪宁车站铁路系外人之资本占多数，近因本埠开战，车站洋总管拒未请工部局派兵保护，均由闸北各商团驻守，已逾旬日，相安无事。今该公民等反其所为，其居心尚可问乎？总之，各团自于闸北有休戚存亡之关系，此举如果实行，则兵衅非自我开，该公民等能担此巨任，则各团员集合全体预备从事矣。"一边是有备而来的洋兵，一边是平等和主权意识高涨、爱国热血沸腾、有1000多支枪的闸北商团，战火一触即发。

闸北市政厅即将双方意见呈给外交部特派江苏交涉员张煜全、江苏都督程德全、江苏民政长应德闳和宝山县公署。程、应一边向外交部报告，一面发出指令："闸北地方并非租界，业经本都督、民政长令饬淞沪警察厅穆警长组织警备队以资保卫，该市人民慎勿轻举妄动，致贻后悔。"外交部即时通照各使，派次长与英、美署使会商，英、美均承诺等秩序恢复就撤回；同时，安抚闸北警官和商团，让他们不要与洋兵发生冲突。上海县吴知事也发出训令，责成夏瑞芳商令擅入闸北市政厅门岗的洋兵退队。闸北商团表示将静候主持交涉，暂不直接与万国商团发生冲突。实际上，北京、江苏、上海、闸北官方的表态都是口是心非。他们都知道，为扑灭“二次革命”和党人要请，为防租界乘机扩张不能请；而当务之急是扑灭革命。他们令“淞沪警察厅穆警长组织警备队，以资保卫”的处置措施也是装模作样，目的只是压制闸北商团不要抵抗。穆湘瑶早于17日辞了警察厅长之职，众人已推举李平书代理厅长，而李平书也于24日离沪、离职。至29日，闸北各区警察中除了第四区，均赶走了穆湘瑶所委警官，被逐者达40多人。也就是说，警察厅早已名存实亡，连市政厅站岗的警察都时有时无。穆湘瑶得令组织警备队后，直至8月8日，闸北市民是只见文告，不见其人和队伍。

7月31日，工部局依仗保卫闸北之“功”，重提扩界要求。袁世凯为换取租界当局交还政治犯方面的合作，准备允许扩界。闸北各界一致反对，俞国桢发表《拒绝推广租界之意见书》，列述16条拒绝的理由。北洋政府碍于民气的激昂，未敢批准。第一次世界大战爆发后，各国立场分歧，加上袁世凯病故，这次扩界不了了之。此是后话。

28日，讨袁军司令部迁往吴淞炮台湾的中国公学。8月12日，因“饷源无出，兵士愈慌”，撤离吴淞，上海“二次革命”失败。

风波之二。1913年7月29日晨，万国商团撤回租界。闸北市民松了一口气。不料下午工部局又派来四五十名印度巡捕，分驻共和路警察厅和宝兴路三区警署。在驱赶该署警察时，警察不甘受辱，向闸北商团借来数十支后膛枪，将印度巡捕逐出华界，并在宝山路交界处守卫。双方互相开枪，几肇战祸。经红十字会柯司医生出面调停，武装冲突得以和平解决。

这时，有人散发传单，说洋兵到闸北是保护市民，已获得地方公团的同意。当时地方公团负责人大都受到社会舆论的压力而隐匿起来，在传单上具名的有吴翥丝厂老板兼怡和丝厂买办、丝厂代表吴子敬等人。尹村夫把他叫到商团，责问他为何作此卖国行为。他说是沈联芳叫他通知安民的。商团团员十分气愤，把他扣下。后来钱允利来讲情，把他放了。但他刚出大门，团员罗兴友、徐幼棠等又把他扭送到闸北检察分庭，请求依法惩办。工部局得知此情，派中、西捕探及马巡20名，舰兵数十名，冲进检察分庭，鞭打法警，抢走吴子敬。傍晚，又调来英国舰兵200多人，驱散守卫市政厅的商团，让市政厅和警察厅办公人员全部迁出，作为其驻地。在月台上搭了瞭望塔，悬挂黄舰旗帜；晚间用电光射照各处；又在厅后空地上搭营幕，兵士移住其中；在营后开挖壕沟，派兵守卫；声称虽不干涉政事，但如有警变，应“负其责任”。公共租界总巡捕房总巡卜罗斯还从租界内抽调得力包探到闸北，确保治安。洋兵公然占据警察和行政机关，俨然摆出长期驻守、全面负责的态势。

8月3日下午，闸北市民公会开会，决定了三件事：第一，洋兵久驻市政厅内，有妨该厅办公，应请市长呈请交涉使，与工部局商议，早日撤回，以便办公。第二，请市政厅知照关系，市政各机关照常办事，勿稍懈怠，免启外人干预之渐。第三，由本会函致穆厅长，质询前次辞职之原因，及此次复任已经数日，何以尚不到厅恢复秩序；况置闸北警厅于度外，如果发生事故，谁负其责？他们直接电禀袁世凯，告发夏瑞芳等商人欲保私产，请洋兵入境，丧失土地主权。袁世凯只能装模作样来电诘责这些商人。这些商人则托某“伟人”电致袁世凯，代为剖白。

8月8日，钱允利、沈联芳已向闸北市民公会和江苏省长提出辞去正副市长职务。市民召开闸北公民会，历数钱、沈二人劣迹，认定各商厂向工部局借兵保护，是“钱、沈两市长怂恿而成……现亟宜另举公正廉明有资望、有经验者，呈请省长委任……穆厅长徒存其名，迨事变起，厅长先逃……我闸北非另立分厅长一人不足以资保卫。”黄伯揆强调：“亟应呈请镇守使、都督、省长准予另行公举，俟奉到回文，立即进行。”

事实上，闸北市民已不可能得到公举市长的回文了。8月8日，上海

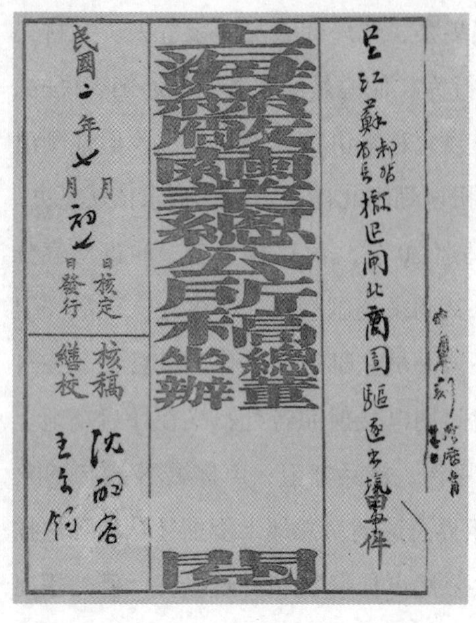

上海丝厂茧业总公所驱赶闸北商团出境函

县下令各商团将枪械送缴县署；同时宣布戒严，停止集会、结社。闸北商团应上海丝厂茧业总公所的要求，被逐出闸北。17日，黄伯揆因闸北公民会“劝解散不遵”，被加以“附和党人，图谋不轨”的罪名被捕。沈联芳向郑汝成指控尹村夫等8人是南军羽党。8人受通缉，闻风远逃，直到袁世凯殒命，才不了了之。俞国桢虽不在通缉名单之中，处境也很危险。8月17日，万国商团撤离闸北。同一天，警察厅以闸北市民公会“意图私选公职”的罪名，命令立即解散。“二次革命”中，郑汝成升任上海镇守使；“二次革命”后，穆湘瑶留任淞沪警察厅长，成为郑汝成追剿党人的重要打手；钱允利和沈联芳奉江苏都督“旧有市政厅职员自应照常担任”之令，留任正副市长。7月29日，李鼎新和郑汝成已用无线电召柯司医生至司令部所在的海筹号，当面致谢其调停有功，并向红十字会缴第一批捐款2500两。9月12日，应德闳请大总统、国务院、外交部奖励出力洋人。国务总理熊希龄表示同意。事后的任用、奖惩充分表明了各级政府对待请洋兵事件的态度。

（文/张　化）

孙中山首先发起创设上海交易所

1916年冬，孙中山为发起创设“上海交易所”事，在沪召集上海总商会会董虞洽卿、盛丕华等人商议。盛丕华时任大丰棉布号司帐，孙中山得知他熟悉棉布、棉花、钱业等行情，请盛丕华负责调查市场行情。不久，盛丕华完成了调查材料并交给朱执信。1917年1月由朱执信起草执笔交易所章程，呈请北洋政府农商部批准，呈文具名的有孙中山、虞洽卿、戴季陶、赵家蕃、张鉴、赵家艺、盛丕华和洪承祁等9人。这在多份关于发起创设上海证券物品交易所或介绍相关人物的文章中见到，但孙中山发起上海交易所的原始材料稀见。

上海总商会档案却对孙中山发起上海证券物品交易所之事有所记录：1917年2月13日上海总商会收到江苏省长训令，训令“为孙中山、李平书组织交易所仰查明议复”事，在孙中山等人呈文的同时，李平书也呈文，孙中山发起创设上海交易所，包括证券、货物、粮食各项交易，李平书呈文发起创设上海证券交易所，就证券一项。所以，江苏省署下令将2个呈文一并交由上海总商会“查明议复”。上海总商会将训令和章程排印100份送各业会馆公所董事知晓，并提交常会讨论，提出建议。当时上海总商会的会议分常会、特会、年会3种，常会按照《章程》是“间（隔）星期一举行之，会长、会董与议”，有点像现在双周一次的办公会议，会长、会董才有资格出席，会议时间是固定的，周一开会。2月24日（周一）上海总商会常会如期召开，第一件议案就是“省令查复孙文等组织公司案”。因上海总商会事先准备，查到全国工商会议案内有工商部交议提倡设立交易所议决条文，认为已有成案。恰巧李平书有一函给副会长沈联芳，沈联芳将来函在会上宣读，请一并核议。会议商议大意是；创设交易所事工商会议议决有案，应依案照行，所附交易所章程是不是妥当合适、信用是不是可靠牢固，需要考察交易所组织是不是完备、管理是不是得当，但在交易所没有成立之前都是无从考察的。孙中山、李平书等所呈交易所的规模既有广狭之殊、大小之别，是不是会同筹备，或者各自筹备，须得双方同意，应由该公司自行接洽，“即照录工商会议议决条文，呈请省长核夺”。

约莫过了两个多月，孙中山为交易所事致函上海县知事。1917 年 5 月 9 日，上海总商会收到上海县知事转来的“为孙文交易所案有无外国人为经纪及职员情事”的函件。没过多久，5 月 21 日孙中山径直致函上海总商会，也是“为交换（易）所实无外国人为经纪及职员情事”。同日，上海总商会再次收到上海县知事致函，内容相同。上海总商会办理此件与复江苏省署语气一致，“该公司尚未成立，暂无从调查”。

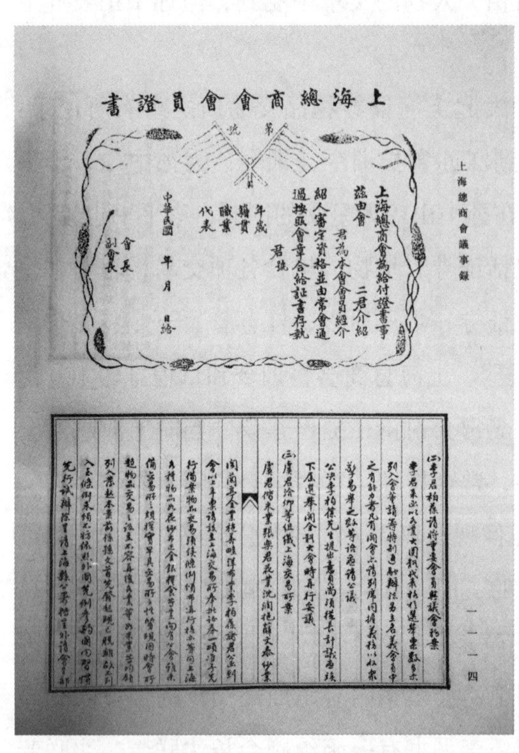
上海總商會會員證書
第　號
上海總商會為給付證書事
茲由會　二君介紹
君為本會會員經介
紹人審定資格並由常會通
過按照會章合給証書存執
君號
年歲
籍貫
職業
代表
會長
副會長
中華民國　年　月　日給
上海總商會議事錄
一一一四

1918 年 4 月 6 日上海总商会档案记载，
孙中山首先发起上海交易所

此事迁移了一年多，1918 年 4 月 6 日上海总商会第七期常会，讨论“虞（洽卿）君等组织上海交易所案”。议案这样记述：“虞（洽卿）君偕米业张乐君，花业沈润挹、薛文泰，纱业闻兰亭，金业施善畦，洋布业李柏葆诸君公函到会，以上年禀请设立上海交易所，奉批证券一项，准予先行备案。”此信息表明，农商部已经批准有孙中山等具名设立交易所开办的事。但“物品交易须俟条例颁布再行核办”等，因上海各种物品，如花纱布匹、金银、粮食等业向有公会，虽未备交易所之规模，实早具交易所之性质，现因时会所趋物品交易之设立，不容再缓，各业董，如米业等均愿列入发起。

1918年孙中山亲笔签名的半身像

主持这次上海总商会常会的是会长朱葆三，副会长沈联芳以及会董王一亭、虞洽卿、李伯葆等23位会董参会，其中虞洽卿、李伯葆与创设交易所有关，他俩的参加为议论创设上海交易所之事更加有利，“本案前系孙文首先发起，现已脱离，故不列入”。此时孙中山正在广州护法，无暇继续顾及创设交易所的事。这是1918年以后在向农商部呈文中没有“孙中山”具名的原因。

会议以后，虞洽卿等人坚持初衷，一面向农商部呈文，一面加紧筹备，

1920年7月1日，上海证券物品交易所开幕时盛况

并于1920年2月1日在上海总商会召集股东举行成立大会，正式宣告上海证券物品交易所股份有限公司成立。公司资本总额500万元，分作10万股，每股50元。会上，选出17名理事，3名监察人。所谓选举，其实只是以在公司所占股份多寡决定当选名单。虞洽卿以81833股而占鳌头，当选为理事长，闻兰亭、盛丕华等6人当选为常务理事。同时耗资20万元购置上海四川路一号原长发客栈的三层楼房为公司营业部。1920年7月1日，上海证券物品交易所开幕。那天，四川路证券公司门前车水马龙，前来道贺的中外来宾有3000人，江苏省省长齐燮元、沪海道尹王赓延均派代表到会。全国各地有关方面送的贺联幛祝词甚多，极一时之盛。

孙中山发起创设该交易所的主因，是希望借助他们的交易得到一部分革命经费。后来虽有所得，但为数极少，每月不过一二万元而已。但是，孙中山这个创议得到商会的响应，并得到商会会董的贯彻实施，使我国证券物品交易市场不再受外资垄断，挽回利权。同时，为我国资本市场尝试新的业态前进了一大步。

（文 / 王昌范）

商界发起设立上海万国红十字会

近代商会发轫于1902年，缘起于英国提出修订商约，清政府商约大臣吕海寰、盛宣怀会同上海绅商严信厚、郑观应及上海道袁树勋等人共同磋商，决定在上海筹设商会。起初名称为上海商业会议公所，1904年改为上海商务总会。上海商务总会后来发展成为上海总商会。上海总商会被誉为“中国第一商会”。与近代商会同时期，红十字会也萌芽于上海这片领风气之先的土地。

中国红十字会萌芽于上海，它的起源得自日俄战争的推动，这与国际红十字会运动起源于索尔费里诺之战极其相似。1904年2月8日，日军偷袭驻守旅顺俄军，对俄国不宣而战。2月9日，俄国对日宣战。2月10日，日本正式对俄宣战，日俄战争爆发。炮声隆隆、狼烟四起，懦弱的清政府无力阻止在中国领土上展开的这场帝国大战，在日、俄及西方列强的蛮横干涉下，宣布“局外中立”，将辽河以东划为交战区，放任日、俄两军蹂躏践踏。日、俄两军对垒厮杀，东三省无辜的同胞惨遭荼毒，东北人民“陷于枪烟弹雨之中，死于炮林雷阵之上者数万生灵，血飞肉溅，产破家倾，父子兄弟哭于途，夫妇亲朋呼于路，痛心疾首，惨不忍睹”。有鉴于此，以沈敦和、施则敬等为首的上海绅商，奔走联络，“以援万国红十字会例，力筹赈救北方被难民人之策”。3月3日，《申报》发表《东三省红十字普济善会章程并启》，当天下午，绅商施则敬邀集同仁在六马路（今北海路）仁济善堂开会，商议开办之法，宣告“东三省红十字普济善会”成立，这可以说是我国红十字会的雏形。上海商业会议公所与“东三省红十字普济善会”是同时期的产物，两者成立时间相距2年，都是为应对突发事件而匆匆忙忙成立。上海商业会议公所后来发展成为上海总商会，东三省红十字普济善会后来成为中国红十字会。所不同的是，上海商业会议公所是按清政府旨意成立的，而东三省红十字普济善会是民间自发组织成立的，虽后来经过政府许可批准建立，但是已经是1912年，时间相差8年。

出面组织或者说牵头组织东三省红十字普济善会的沈敦和（仲礼）、施则敬（子英），他们均是上海商务总会的议董。据1908年出版的《上海著名中国人士》一书中介绍沈敦和："君鉴于红十字会之重要及有用，乃竭其全力使之成为永久组织。"这些简单的记述，只是沈敦和事迹的冰山一角。

施则敬（1855—1924），字临之，号强斋，又号子英。生于江苏震泽一个望族，后随父迁居上海，经营丝业。父亲施善昌是清末有名的慈善家，曾在1876至1878年华北特大旱灾"丁戊奇荒"中，与江南绅商联手"首轫义赈于苏、浙"，开展卓有成效的赈济活动。而施则敬在其父教导下，年轻时就献身于赈济救灾事业。父亲举办的各种义赈活动。而施则敬在父亲带领下积极参与慈善事业，有资料记载："直、鲁、晋、豫、皖诸行省水旱偏灾，辄奔走募赀赴赈，父子躬其役，不惮劳勤，所募金以数十百万计，义声震天下"。随着善行"义声"鹊起，施则敬的仕途也随之步步高升。他是清光绪元年（1875）乙亥科的举人，以知县见用，曾因堵筑山东段黄河漫（缺）口有功，保升知州加四品衔。继而在围堵永定河南七工漫口有功，擢升知府加三品衔。复助晋边义赈出力，保俟补缺，以道员用，留直隶候补。为劝办江南海防捐输出力，保俟归道员，后加二品衔，因功勋卓著，多次奉旨嘉奖。在日俄战争救援被困中外人士的意见上，施则敬与沈敦和不谋而合，共同出力而为之。

根据当时发起东三省红十字普济善会的"提名册"记载的22人名单中，上海商务总会议董有9人，除沈敦和（仲礼）、施则敬（子英）以外，还有曾铸（少卿）、苏葆森（德镳）、李云书（厚祐）、沈缦云（懋昭）、周金箴（晋镳）、陈润夫（作霖）、席子佩（裕福）。从东三省红十字普济善会主要发起人分析，上海商务总会议董占40%，可见上海商务总会在清末政治、经济社会发展中举足轻重的作用。

上海商务总会议董沈敦和

东三省红十字普济善会，乍看起来是红十字组织，但实际上不是真正意义上的红十字会。它没有类似于国际红十字组织共同的“章程、规则”，且在组织名称上冠以“普济善会”。如果说它属于传统意义上的善会善堂，回答又是否定的，因为它的组织名称中有红十字的标识。但是，更重要的是红十字组织是国际性的组织，而东三省红十字普济善会组织者仅一国人士参加，问题在于，在东北救援的对象中，除救助中国人以外，还有国际人士。

沈敦和、施则敬等上海绅商不得不抛开刚刚成立的东三省红十字普济善会的名称与想法，“亟思改弦更张”。于是，沈敦和拜访了他的好友、英国传教士李提摩太。李提摩太（1845—1919），1870 年受英国浸礼会差会派遣来华，先后在山东、天津、山西等地传教，是有名的中国通。1902 年 5 月，沈敦和担任山西大学堂督办（校长），是李提摩太的顶头上司，他们之间建立了非同一般的关系。况且，李提摩太热心慈善事业，在 1876 年至 1878 年华北特大旱灾“丁戊奇荒”中，他义无反顾，前往受灾最严重的山西赈灾。沈敦和向李提摩太请求臂助，他自然鼎力相助。

起初，在游说英、法、德、美驻沪领事时，收效甚微，“各国尚不承允”，李提摩太伸出援手，他的“人脉”，使他左右逢源，经李提摩太从中说项，始得定议。1904 年 3 月 10 日，中、英、法、德、美五国代表在上海英租界公共工部局集会，郑重宣布组建红十字会，暂名为上海万国红十字会支会。一星期后，3 月 17 日在上海万国红十字会中西办事董事集会上，正式定名为上海万国红十字会。“万国”之意即为“国际”之意，这是当时流行的讲法，比如：万国旗、万国博览会、万国红十字会等等。

上海万国红十字会在组织架构上，采取董事会制，由 45 名中外人士组成，其中西董 35 人，华董 10 人。这 10 名华董是：严信厚（筱舫）、朱葆

上海商务总会职员合影，前排左四为上海商务总会译员（翻译）、上海万国红十字会华董朱仲宾

三（佩珍）、周金箴（晋镳）、徐润（雨之）、苏葆森（德镳）、陈润夫（作霖）、曾铸（少卿）、沈敦和（仲礼）、施则敬（子英）、朱礼琦（仲宾），除朱礼琦（仲宾）是上海商务总会译员外，其他 9 名均是上海商务总会的总理、协理和议董。上海商务总会囊括了上海万国红十字会华董的全部名额，再次证实了上海商务总会在当时政治、经济、社会上的重要地位。

（文 / 王昌范）

上海总商会的解散

上海总商会前身是1902年创立的上海商业会议公所，有"第一商会之称"，1904年改组为上海商务总会，1912年改名为上海总商会。总商会曾经在1904年倡导抵制美货，还在华界试行"地方自治"，在租界争取"华人参政"，而且还组织了"民治委员会"。总商会在政治上是很积极而且也有很大的动作，在上海有举足轻重的影响。当时，无论是清政府，还是北洋政府都得让它三分。

1927年北伐到上海后，国民党蒋介石发动了"四一二"反革命政变，占领了上海。上海总商会也被奉命接收，成立了由冯少山主持的上海总商会临时委员会。冯少山是广东人，是个美洲华侨，比较爱国。汪精卫曾经想让他当伪上海市长，他坚决不干。解放后，曾经当选上海市工商联第二、三、四届执委。虽然他当选了上海市总商会执行委员会主席委员、中华全国商会联合会主席，但是他领导下的总商会不太听国民党上海市党部的指挥，该干啥照样干啥，还是自说自话，对国民党政府当局"指手画脚、说三道四"。这样一来，就弄得国民党上海市党部很不耐烦。于是，市党部就发了个通告，要在全国代表大会上提出撤销全国旧商会，因为旧商会是买办阶级操纵的，要用适当方法进行改造，什么方法？就是成立一个中小商人组成的商民协会，实质上是市党部领导的外围政治动员组织，也就是扶持一个对立面，和总商会对着干。

总商会当然也不甘示弱，立马致函市党部和商人部进行辩驳，而且还把阵势搞得很大，邀请了全国各地的总商会到上海，召开各省商会联合会大会，讨论商会存废问题。实际上是要联合起来抵制市党部的破坏。事情闹得很大，当时国民党高层领导内部意见也不一致，拿不出实质性的措施，也就奈何不了总商会。总商会在上海这么多年，毕竟有根基、有影响，因此就暂时保存了下来。当时形势在变化，国民党通过北伐很快形式上统一全国，训政时期开始，国民党中央从执政党的立场出发更注重建设，倾向于保存商会，认为商会以大商人为重心，商民协会以中小商人为重心，二者之间不是社会阶级的不同而是营业范围大小的差别，商会和商民协会之间的关系由阶级对立变为营业竞争。因此，在法律上，大商人的资产还得保护，而且在发展商业，尤其是发展国际贸易上还得靠这些大商人集中力量办事。但是又说商人组织的中心是中小商人，买办及勾结帝国主义的商人不能加入商民协会。这样，国民党中央就把总商会看作是“本党经济政策之所在”，把商民协会视为“本党革命力量之所存”，规定商民协会受国民党领导，总商会受政府管理，二者分立并存。国民党中央希望上海总商会和市商民协会能和谐相处。市党部也无可奈何。这是第一个回合。

但是，正所谓“一山容不得二虎”，一个城市有两个商会“头领”，和平相处是很难的，而且市党部在那里虎视眈眈。1928 年 11 月，全国商会联合会要选举立法委员，市党部一看找茬的机会来了，就提出警告，请国民党中央训斥，你一个商会就要选举立法委员，真是胆大包天，这不是想否认国民党的指导地位吗？太让人痛恨啦，你冯少山更是让人气愤，立法的事情除国民党主持外，怎么能允许反革命分子想参加就参加，因而把冯少山看作是反革命分子。市党部二区指导委员会更进一步，提出动议要解散上海总商会。与此同时，市商民协会也联合各地商民协会向国民党中央请愿，说什么一个城市里的商人有两个商会组织，不仅力量不能集中，而且组织地位也不明确，言下之意就是谁领导谁？再次提出要统一商会。针对市党部和市商民协会的建议，国民党中央民训会认为可以，但一直没有制定具体条例。后来，工商部拟订商会法草案，确认商民协会为商人组织，商会为商业组织，但是又规定经营商业者也可以组织商会。这就是一个“捣糨糊”的法律规定。上海总商会还是可以存在。这是第二个回合。

可是，市党部和市商民协会并不甘心，执意要废除总商会，由商民协会统一领导商人，还要争领导权。1929年3月，国民党召开第三次全国代表大会。市党部就想利用这个机会，企望“三全大会”通过解散总商会的议案。说什么总商会会费太多，中小商人没有钱加入，“实有悖于本党全民政治之政策”，而且第二次代表大会决定商会暂时存在，现在到了实现这个决定的时候了。与市党部相呼应，市商民协会也通电国民党中央和国民政府，要求解散总商会统一商民组织，并表示支持市党部的指导，在会议期间又派代表赴南京请愿。市党部和市商民协会紧锣密鼓、敲敲打打。上海总商会立即感到形势的严峻，马上召开会议商讨对策。虞洽卿说现在咱们商人处于危难地位，大家应该有互相协助的决心，商人对社会有很大的贡献，对革命更是有极大的协助，竟然有人要提议取消总商会，也太忘旧了吧！其他代表也纷纷发言表示一定尽力斗争。会议最后讨论决定发电报给“三全大会”主席团，请求考虑商人情况，保存总商会，同时派虞洽卿、闻兰亭等人到南京请愿。全国商联会也致电“三全大会”秘书处，说总商会过去为国民革命出过力、办过事，有继续保存下去的必要，并派石芝坤等人到南京请愿。上海总商会和全国商联会及各地商会又向“三全大会”呈文，驳斥市党部和市商民协会的提案。总商会会同各地商会极力反抗，“三全大会”对市党部的提案没有付诸表决。这是第三个回合。

经过这三个回合，市党部也没有能够干掉总商会。因为国民党中央这时已准备放弃革命转向建设，所以在“三全大会”通过的决议案中就说，国民党不能让全体党员和全国民众长期处在风潮恐怖当中，要从事建设工作。市党部的提案当然难获赏识。但是，市党部还是不死心，不能容忍总商会，一定要寻找机会给总商会以沉重打击，必须除掉。时机很快到来，中日就济南惨案签订了协定，日本政府强烈要求取缔反日会，国民党中央于是命令市党部改组上海反日会。反日会是一个什么样的组织呢？1928年5月，当国民党北伐到济南时，日本派军队登陆干预，制造了“济南惨案”。当时，上海在国民党市党部的操纵下成立了反日会，抵制日货。现在，国民党中央要求改组反日会，市党部于是借此机会改组了上海反日会，并清除了所有的民众团体，新成立的国民救国会执行委员都是国民党党员，这使得国民救国会在事实上成了市党部的一个外围组织，却继承了反日救国的名义。市党部可以利用这样一个组织冠冕堂皇的打击反对者，你反抗国民救国会你就是不支持、抵制反日救国，帽子大得吓人。不久，国民救国会与总商会因为办公场所问题发生了纠纷。

先是市商民协会雇人把总商会的大门打开，强行借总商会三楼会议室开会，挑起与总商会的冲突。接着，由国民救国会冲击总商会大楼，以没有地方办公为理由，要求借用走廊，并且在没有经总商会允许的情况下强行使用。此后，又称总商会在二楼开游艺会人声嘈杂扰乱办公，扬言要乘机占据其他房间。这样的情况下，总商会常务委员会决定关闭大门，并请市公安局派警察守卫。国民救国会竟然率领四五百人手拿铁棍破门而入，砸毁办公室并打伤数名职员。当一部分人闯入大楼时，另一部分人在大门外高呼打倒总商会并粘贴各种标语，被租界警察逮捕。事态非常严重，总商会只得宣布暂时停止办公，并派冯少山、赵晋卿、闻兰亭等人赴市政府请求市长处理。市党部一看总商会去市政府告状，赶快命令国民救国会也迅速派人找市长告状。市长张群于是邀请市党部执监委员陈德徵、王延松、吴开先和商界人士虞洽卿、叶惠钧等人讨论，决定由陈、王、虞、叶四人负责处置，四人随即到总商会现场调查。处理鉴定是小事一桩，赶快开门。冯少山等人觉得这样处理太轻易，表示不能接受，于是呈请国民党中央党部和国民政府审查办理，并要求淞沪警备司令部、市政府派军警保护（此时已由租界警察把守大门），同时专门致函请各业团体和各会员尽力帮忙。

这样还是不能解决总商会。国民救国会开始攻击冯少山、石芝坤、赵晋卿、林康侯等4人，说事情应该由他们完全负责，并要求其他无关会员自动退出为冯少山等所把持的总商会，静候解决，不要和他们同流合污。市商民协会也发表宣言响应，指责冯少山等人独断独行。攻击的矛头开始指向冯少山等少数人，意图分化瓦解总商会，问题更加严重，而且市党部禁止总商会登载关于这件事的新闻。无奈之下，总商会请苏州总商会通告送苏州各报馆，并向国民党中央报告。苏州总商会分电工商部、江苏省政府、上海特别市政府赶快处理，以维护法律尊严，同时致电江苏省商会联合会寻找妥善办法解决。这种形势下，工商部决定令上海总商会停止一切活动，不再逞意气，等候中央解决，并呈报国民政府通知上海特别市政府。市长张群打官腔，说解决这件事应该把眼光放远，注意到根本问题，为本市商界中各种团体，寻求一条切实合作的途径。

市党部和国民救国会见形势有利，赶忙加紧声讨冯少山等人。市党部各区执行委员会纷纷通电斥责冯少山、石芝坤等人，说他们过去辱骂总理，近期又勾结桂系军阀，今天竟然破坏救国运动，甘心卖国，还“擅举立法委员，操纵金融，仇视党国”。国民救国会也发表宣言称：“国民救国会是爱国同志一个集团，凡属中华民国国籍的人民都应同情拥护”，而冯少山等人竟然凭借非法地位妨害救国会，“实现其反革命的勾当，为帝国主义者效力”、“甘心卖国”，“本会为国家安危计，为民族存亡计，誓以热血，除此汉奸”。同时，国民救国会向市党部呈请要求解散总商会，通缉逮捕冯少山，市党部随即转呈国民党中央，期望实现打击冯少山、解散总商会的夙愿。市商民协会表示支持，开除了冯少山在商民协会内的会籍和执行委员职务，并斥其“丧权辱国，违背党纪”。

面对攻击，全国商会联合会向国民党中央和国民政府呈文陈情，提出五点注意事项：1. 总商会系重要法团，上海为中外观瞻所系，总商会产权不得保障，全国商会更不待言，外国人也非常注意此案；2. 救国会为市党部指导，总商会停止办公，呈请中央核办，救国会应等候党国命令，不该破门而入殴伤人员；3. 市党部禁止总商会登载消息，违背政纲；4. 商会存废，“三全大会”已有提案，市党部在此案发生后决议呈请中央解散总商会并通缉冯少山等人，是否是国民党应循之正轨；5. 总商会系全上海特别市的总商会不是冯少山等几个人的总商会，应由全体负责，市党部、救国会和商民协会攻击个人，“法理不应如是，事实亦不应如是。不应如是而竟如是，其为别有用意可知”。指责市党部和国民救国会的行为不正当而且违背党纪政纲，希望保持总商会的地位。但是，国民党中央此时已经就济南惨案和日本签订协议，能够腾出手来处理内部问题，于是决定整理上海所有的商会组织，指派虞洽卿等 34 人组成商人团体整理委员会，并命令总商会、闸北商会和商民协会等各商业团体“一律停止工作，听候整理，卑过去纷争从此泯息，统一组织早日完成”。1929 年 5 月 25 日，商整会正式成立，虞洽卿、叶惠钧、王延松、王晓籁、徐寄庼、顾馨一、秦润卿 7 人当选为常务委员，冯少山被排除在外。至此，市党部解散总商会的夙愿得以完成。

（文 / 李洪珍）

上海总商会档案受到的四次冲击

上海总商会档案曾被列为第二批《中国档案文化遗产名录》，该名录是配合联合国教科文组织于1992年发起的“世界记忆工程”项目在中国推进的一部分。殊不知，上海总商会档案几经曲折，在此列举其受到的四次冲击。

受到第一次冲击是1927年。据徐鼎新先生在《上海总商会史》考证，“1927年4月26日对傅筱庵控制下的上海总商会的强制接收，实际上是以官方力量直接控制上海总商会的开始，这在中国商会的发展史上是没有先例的。但是，接收后的上海总商会依然桀骜不驯，并没有循着官方要求的轨道组成接受国民党控制的新班子，并且仍以其传统的自主活动方式干预政治，因而深为当局所忌。于是，一个得到国民党当局直接扶植和支持的上海特别市商民协会筹备会，大有取上海总商会而代之的势头。这个团体以咄咄逼人之势，强行占据上海总商会的办事场所，且依仗其有官方后盾，不断寻衅滋事，逼得上海总商会临时迁往他址办公。”文中所提到上海特别市商民协会筹备会强占上海总商会的办事场所，逼得上海总商会临时迁往他处办公。这个“它处”究竟何处并不重要，重要的是它的物品被挪动了，其中不外乎上海总商会档案。

受到第二次冲击是1929年4月。1929年3月，国民党中央第三次全国代表会议期间，上海代表陈德征、潘公展提出“请解散各级商会以统一商民组织”的议案。4月22日，国民救国会在国民党上海市党部的指使下，借口向上海总商会借地开会和办公，在上海总商会拒绝的情况下，对上海总商会会所进行了暴力冲击和强行占用。据当年4月24日《申报》报道：

救国会本反日会改组，会所借设天后宫桥上海特别市总商会三楼。前日下午四时，上海商民协会因借总商会三楼之会议室开会，已与总商会发生一度之冲突。至昨日救国会与总商会因借用会所问题，有起纠纷。

救国会会所本借设于总商会，嗣因总商会三楼会议室对面有会客室，颇精致。救国会以同为公家作事，则借用公家房屋，原无不合。遂自雇铜匠，将总商会三楼会客室之门启辟，室内原有器具，搬诸户外，略有毁伤。另将救国会所有办公物件，自行移入，实行以总商会会客室为救国会新会所。总商会常务委员对此大不满意，致起纠纷。并电告政府，请示处置，市公安局长黄振兴会同冯少山实地查看。

总商会常务委员议决，自今日起，全部停止办公，静候政府解决……

总商会宣布停止办公以后，紧闭大门，并请西捕协助把守。就在《申报》刊登消息的同时，救国会聚集暴徒四五百人，手持铁棍，一半人聚集在门口，另一半人冲入总商会“首先将秘书处办公室之大玻璃门两扇捣毁，该处职员即纷纷避匿。该暴徒等乃搜索其他各处，殴人投物，以冀泄愤。”

值得注意的是，国民救国会在22日至24日的几次冲击中有“自雇铜匠，将总商会三楼会客室之门启辟，室内原有器具，搬诸户外，略有毁伤”，有“该暴徒等乃搜索其他各处，殴人投物，以冀泄愤”的动作。虽此时上海总商会已迁至他处办公，但不排除涉及物品和档案的可能，起码留在此处人员办公形成的文件应该是有的。

事件发生后，上海总商会将会所被捣毁现场拍成照片，并撰发报道送至上海各报刊登，但在国民党当局的严密封锁消息的禁令之下，未能发表。5月2日，由国民党中常委宣布，委派虞洽卿等34人组成上海特别市商人团体整理委员会，并宣布上海总商会、上海县商会、闸北商会和商民协会等上海特别市的商人团体一律停止办公。5月25日，上海特别市商人团体整理委员会成立，接收上海总商会。其时，上海市区域的商人团体包括上海总商会、沪南商会、闸北商会、商民协会在内有261个。这些组织产生的时间和依据的法令政令各不相同，经常发生组织分歧。8月，国民政府颁布《商会法》和《工商同业公会法》，上海市商人团体整理委员会依法登记、合并、改组成170个同业公会。1930年6月，上海市商会成立。上海市商会在政治上属国民党上海市党部民众训练委员会领导，在行政上受上海市政府和社会局领导，凡遇比较大的问题，则由上海市政府核转中央工商部、社会部、经济部、实业部备案或批复。

受到第三次冲击是1931年12月。上海市商会成立以后，国民党宁粤双方经过谈判在南京成立“统一”的国民政府，蒋介石于12月15日被迫下野。同月18日，新筹组的上海特别市商人运动委员会正式办公并发表启事宣称办理全市所有商运事务。同日中午12时许，有上海特别市商人运动委员会派张子廉、刘素慕、裘由辛、陈之英等人率大批人员前往接收市商会。当即，市商会分别电话报告市政府、社会局请予保护。一时左右，公安局警士和保卫团团员先后赶到，驱出该批接收人员。社会局长潘公展得报后，派员赴市商会调查，通知该会主席委员王晓籁不得移交。下午二时，商人运动委员会组织部长赵南公出示接收公函，内有“查上海特别市总商会，于1929年4月被南京中央党部非法改组”等语，当遭王晓籁拒绝，接收未成。

事后，全市160个同业公会联名发表宣言，拥护依法产生的上海市商会。上海市商会也召开会议，发表声明阐述上海市商会的合法性；并电呈国民政府、行政院、实业部及上海市政府等。商人运动委员会召开商人团体代表大会，邀集100余名同业公会代表参加，讨论改组上海市商会，并举行记者招待会，称商人运动委员会是奉国民党中央党部的命令成立和接收上海市商会的。不久，双方在报上公开论战接收与反接收。行政院即致电上海新的工商团体静候国民政府的指令，不得强行接收引发骚乱。接收风波就此平息。接收风波的报道未见损毁物品和文件档案的记载。

受到第四次冲击是1941年2月。抗战“至1941年，沪市形势益趋严重，日方势力压迫愈甚。该年2月12日上午，一伙日本便衣及汉奸约30余名人，冲到香港路市商会办事处，驱出商会办事人员，攫夺了一部分文件。当天，汪伪社会运动委员会还成立了商会整理委员会，企图控制、接管市商会，后经美国商团暨巡捕房派员守护，该批暴徒始相率离去。事后，市商会即去电重庆，向行政院、财政部、经济部报告。并将办事处分散在无锡路烟兑业公会楼上，天津路同润钱庄楼上及同路新声社等处秘密办公”。

上海总商会和市商会会所遭到的4次冲击都有明确的文字记载。但是，这些文字记载直接提到影响文件（档案）的是第四次。按常理，会所遭到冲击，特别是遭到暴力冲击的话，涉及面、影响面肯定是比较大的，影响到物产包括档案的可能性是存在的，更何况前3次都是以接收的名义冲击会所，因此，在动荡时期，匆匆忙忙到挪动档案，档案从一个机构移动到另一个机构，缺损、缺失是毫无疑义的，好在“硬核”还在，成为了中国档案文化遗产。

（文/王昌范）

“商夜”童子军

上海市商会社会童子军是从上海总商会时期开始发起的。1927 年春，北伐军攻克上海后，上海总商会商业夜校同学在同学会组织下参加庆祝北伐胜利的游行，在这次游行途中，突然遭到“中国国民党党务人员训练所”师生队伍冲撞和欺凌，同学们感到莫大侮辱，群情愤慨，产生了组织团体以求自强的愿望。经过反复酝酿，决定组织学校童子军，通过自愿集合，于同年秋季夜校开学时，成立了“上海总商会夜校童子军”，当时亦称“商夜童子军”。参加的同学有 24 人，由同学会主席叶春年任团长兼教练，编成 3 个小队，分别由徐国治、卢绪章、王应麒、刘道芳、张贯一担任正、副小队长，在位于现在北苏州河 470 号的上海总商会会所内进行军事训练活动。

“商夜童子军”成立之际，正是上海总商会组织动荡之时，但是，童子军的活动没有受多大影响。1928 年国民党政府在南京成立“中国童子军总会”，统编全国童子军团。该童子军团被编为“中国童子军第 50 团”，因此在某些场合，简称“五十团”。1929 年“五十团”接受了一项庄严艰巨的任务，奉命参加孙中山奉安典礼。那年春夏，“五十团”团长叶春年率卢绪章、李雅庭、诸懋益等 10 余名团员集体赴宁。由于叶春年、诸懋益、李雅庭等都懂英语，被分派担任外国使团行列的引领、传达、联络。从下关、江边到中山陵 20 余里的中山路上，几万人的送行队伍，列队行进。肃立道旁瞻仰灵车的群众数以十万计，肃穆庄严，气氛隆重。国际友人路易·艾黎有一篇《上海精神》的文章，记述了她受“五十团”邀请参观孙中山奉安典礼的往事。路易·艾黎是新西兰人，当时任职于英租界工部局，在一个复活节的假期，她到舟山群岛的佛教圣地普陀山观光，乘轮船从上海经

1927年11月上海市商会社会童子军团的前身，上海总商会商业夜校学生童子军成立时，与前来祝贺的广肇中学学生童子军合影。二排左六为团长叶春年，二排左七为校长徐可陛，三排左九为团员卢绪章

宁波到定海。在定海到普陀山的小火轮上认识了“五十团”团员。她的记忆里紫金山坡当时还是光秃秃的。她还记得队长叫叶春年，谙熟英语。她知道这是一支上海唯一的职工组织的童子军团，在工余时间训练，在“总理奉安大典”出色完成任务。

“五十团”被人们记忆犹新的是“四烈士”事件。1932年1月28日淞沪抗战爆发，上海红十字会统一指挥，上海市商会社会童子军团赴战区抢运难民。团员4人为一小组，随车奔赴闸北、虹口、江湾、杨树浦一带，协助未及逃避的老弱病幼遇难同胞，携遇难同胞的细软财物，运入租界各难民收容所安置。团员多次往返接运，1月29、30日2天救出难民达数千人。1月31日清晨，童子军队伍继续出发抢救难民。至晚，清点队伍时，发现由罗云祥、应文达、毛征祥、鲍振武4人组成的小组未见归队，四处查询，均未着落。据一些难民反映，他们在老靶子路（今武进路）附近，曾看到有4位童子军被日寇捆绑押去。翌日，团部与红十字会通过租界当局向日方交涉，要求查找释放，均不得要领，始感凶多吉少。后来，确定

4人已被日军杀害，连尸体也被毁灭。殉难的团员均未成婚，简况如下：罗云祥，牺牲时年21岁，广东汕头人，上海良晨好友社排印部主任，二届团员，4人小组组长；应文达，牺牲时年21岁，浙江奉化人，英商亚细亚火油公司职员，三届团员；毛征祥，牺牲时年19岁，上海人，毛志祥牙医诊所助诊，三届团员；鲍振武，牺牲时年18岁，浙江鄞县人，营业税征收处文书股员，三届团员。这4位团员后来被追认为烈士，成为"四烈士"。

1999年童子军四烈士墓和纪念塔重建，安放在青浦福寿园。墓地具体位置是在枕石园，编号为TA6360001

1932年5月初，在上海市商会和市红十字会共同筹划下，着手进行建造四烈上纪念塔、衣冠墓和召开追悼大会的筹备工作。同年12月11日，四烈士纪念塔揭幕，并安放在北苏州河470号的庭院。抗日名将蔡廷锴为纪念塔题词"为国牺牲"。1933年四烈士衣冠墓在江湾上海公墓落成。1937年"八一三"淞沪抗战爆发，墓地被日军占为机场，而衣冠墓幸为不知名者移迁到虹桥路万国公墓内。1999年童子军四烈士墓和纪念塔重建，安放在青浦福寿园。

上海市商会社会童子军首批团员24名为基本届，之后逐年在社会职业青年中招募11届，共计12届，有团员400多人。首批团员中，有后来担任国家旅游总局局长，国家进出口管理委员会、外国投资管理委员会副主任、外贸部副部长的卢绪章。第三届团员中有中华人民共和国成立后担任上海市工商局副局长、上海市工商联党组书记的杨延修。

1949 年 11 月，童子军团在威海卫路纸商业同业公会会所（即今威海大厦的位置）召开了团员大会，宣告完成历史任务而光荣结束。不久，又将该团的全部财产移交给上海市工商业联合会筹备会。

（文 / 王昌范）

老上海的橡皮股票风潮

玩股票毕竟是有风险的，股民们对此务必慎而又慎。下面，重提一下老上海股民陷入橡皮风潮的事实，让当今的股民们了解一下，恐怕还是有好处的。

橡皮股票就是橡胶企业发行的股票。20世纪初，上海曾发生过洋商的橡皮股票价格暴涨暴落，最后形同废纸，使很多卷入橡皮股票买卖的中国人破产自杀。这次事件，后来被称为“橡皮风潮”。

当时，橡胶制品特别是橡皮轮胎生产发展很快，一时橡胶供不应求，市价步步上升。一些英国、荷兰、美国商人，一方面在东南亚经营橡胶园；一方面在上海组织橡胶公司，发行股票，招募股金。他们吹嘘买橡皮股票一本万利。在投机分子的哄抬下，不少中国人开始抢购橡皮股票，使股票价格直线上升。如英查华橡皮公司的股票，每股票面一英镑（当时约合规银九两），交易未开拍前，暗盘已涨到二十多两；兰格致橡皮公司的股票每股定为荷币一百盾（当时每盾约合规银六钱），经过哄抬，一涨再涨，到1909年1月，已涨到八百四十两。这样一来，别的冒险家眼红了，据字林西报报道，到1910年底，新老橡皮公司共有五十四家之多，他们组成集团都来上海淘金，为了便于把他们的“股票”套在上海人民头上，他们使出种种诡计，诱骗大家上钩，其手法有如下几种：

（一）制造舆论，进行欺骗宣传

其中麦边洋行的兰格致公司是这样做的：

（1）雇人写了题为《今后的橡胶世界》等一些文章，发表在上海几家著名的报纸上，把橡胶的用途吹得神乎其神，以示今后三十年世界橡胶市场前途如何辉煌。看过这些文章而又不明其背景的人，也跟着写文章探讨橡胶发展前途，竞相在报上发表，一时造成舆论。

（2）招待一些人到南洋群岛参观橡胶种植园，把别人的大橡胶园说成是他们公司的，并拍成电影，在上海到处放映，以扩大影响。

（3）在招股时夸大其词，大做广告，给广大群众以该公司资金足、气魄大，买该公司股票，越早买越早发财的假象。

（4）经常捏造电讯，放出空气：说新加坡来电，橡胶获得丰收；说伦敦来电，橡皮价格上升……以此哄抬股票价格。

（二）欲擒故纵，以小饵钓大鱼

（1）祥茂洋行的可太吧路橡皮公司，在成立之前，公开登报招股，为抬高股票身价，故意规定：凡愿认股者需办预约登记，并指定某月某日向汇丰银行缴款认领股票。到了这一天，但见汇丰银行门前人山人海。其实，人群中夹有大批祥茂洋行雇用的冒充认股缴款的人。汇丰大门一开，这些人蜂拥而入，一时秩序大乱。汇丰也装模作样，调动租界巡捕，强制群众退出，宣告暂停营业，请认股者另候通知。消息传出，全市轰动。过了几天，祥茂又故意宣布：由于预约认股超过额定份甚巨，为了使每一认股者均能领到股票，决定按比例分配，凡登记认购一百股以内者，按百分之二十缴款领票，认购一百股以上者，按百分之十缴款领票。经过如此一番戏剧性表演，可太吧路公司的股票更吃香了。

（2）海利洋行的康沙利特橡树种植公司招股时，有一个张发记营造厂老板，有意买进该公司股票，海利洋行知道后，立即派人前去联系，愿意代为申请。张老板打算认购五百股，来人故意说股额不敷分配，只允给张五十股。几天后，张老板正准备交款，此人忽又来对张说，股价已由每股九两涨到十五两，已代你卖掉，让张老板凭空赚进三百两银子，乐得张逢人就夸买康沙利特股票不会吃亏，做了义务宣传员。

（3）麦边洋行为了让人相信它的兰格致橡皮公司比别的企业赚钱，不到年终，就给股东发“中间股息”，每股发给十二两五钱银子。这样就使兰格致公司的股票更俏了。实际上，在玩弄这个花招前，卖出去的股票还不多，因此拿到中间股息的人寥若晨星，它是以有限的股息来换取卖出更多的股票，两者相抵，收益大大多于支出。

（4）橡皮股票吸收了大量游资，但要推销掉这么多橡皮公司的股票，社会上的游资力量还远远不够。经过橡皮公司集团与一些外商银行暗中商定，由银行宣布，橡皮公司的股票，可以向他们做押款，这就更进一步打开橡皮股票的销路。而且，继外商银行之后，华商银行群起效尤，也开放橡皮股票抵押贷款。这样一来，股票投机者可以买了又押，押了再买，更番套购，使橡皮股票如脱缰野马，涨势不可遏止。

（三）操纵股市

橡皮公司集团还与外商证券交易所——众业公所经纪人串通一气，控制橡皮股票处于大涨小跌局面，这就促使橡皮股票更富有投机性，成为所有洋股中最热门的股票。橡皮公司集团则在跌跌涨涨过程中，低进高出，不断攫取投机利润。但这种持续哄抬上涨，有时也会引起一些较有经验者的警觉，如当时有一富商刘柏生，见兰格致股票越长越高，认为终究会站不住脚，不久就要回跌的，便趁机大抛期货，准备于股价下跌时补进，以便大捞一票。麦边洋行看到刘“抛空”气势很大，将会引起股票价格全面下跌，就唆使一批股票掮客代为陆续买进，使兰格致股票只涨不跌。刘柏生眼看交货期近，却是两手空空没有股票，逼得他硬着头皮以高于抛出价甚多的价格补进一部分，等到期货期限届满，只得变卖家产，按当时最高价全部买进，使他亏蚀累累。兰格致公司有计划有步骤地打击了刘柏生，使一般投机者视“卖空”橡皮股票为畏途，起到了杀鸡儆猴的作用。

橡皮公司用以上种种方法诱人购买股票，完全是个骗局。他们在南洋群岛沽定土地之后，即在上海组织公司从事招股，有的虽已种橡树而尚未出胶，有的仅仅占有土地而尚未种树，不少上海人包括一些大官僚、大财主，轻信别人欺骗宣传，倾囊争购，梦想发财而误入陷阱者比比皆是。

1910 年 3、4 月间，橡皮股票价格节节上涨，连续出现高峰，如汇通洋行地傍橡皮公司的股票，从原票面每股规银九两涨到四十八两；祥茂洋行刀米仁橡皮公司股票，从每股八两涨到六十六两；兰格致公司的股票更是从每股六十两猛涨到一千六百五十两。一般超过票面八九倍者不足为奇。至此，这些操纵者认为时机已到，随即将手中股票源源抛出。外商银行与橡皮公司是暗中通气的，知道橡皮股票已涨无可涨，暴跌就在眼前；于是拼命催赎橡皮股票押款，至 1910 年 7 月中旬，外商银行看到自己手中的押款所剩不多了，就立即宣布停做橡皮股票押款。消息传出，犹如晴天霹雳，震撼了整个上海市面，一场空前的金融风潮骤然而起，参加橡皮股票投机的官僚、地主、买办、富商如热锅上的蚂蚁，急忙想将自己手中的股票脱手，可是，迟了！在股票市场上，橡皮股票有卖无买，价格一泻千里，霎时间，五颜六色的橡皮股票几乎成了一堆废纸。在这场突如其来的风暴中，蛮想在股票上发洋财的官僚、地主、买办、大商人，无不遭受巨大损失，许多人倾家荡产。一些盲从受骗的小商人、小职员经此洗劫，自杀者将近百人。据当时金融界人估算，中国人在橡皮股票买卖上所受的直接损失，就在两千万两规银以上。由于风潮的冲击，到 1911 年，上海九十一家钱庄竟倒闭了四十家。影响所及，大批工厂停工，商店歇业，千千万万股民陷入了绝境。

（文 / 楼德型）

源丰润票号与严子均

严子均（1872—1930）是上海商会创始人严信厚先生的独子，号义彬。其父1906年在天津病逝后，严子均继承父业经商，曾任上海商务总会协理、上海总商会会董和特别会董。

上海商务总会协理严子均

严信厚创办的源丰润票号以资本雄厚、经营广泛、信誉卓著为特征。严子均除主持源丰润票号外，还承办了源通海关官银号，并在上海独资开设源吉钱庄，与刘安生合股开设德源钱庄。源丰润曾向宁波通久源纱厂、海州海丰面粉公司、汉冶萍启矿公司、通州大生纱厂、赣丰油厂等企业投资，共计14.9万银两，对近代中国民族工业有过一定的促进作用。

1910年7月上海发生橡皮股票风潮，正元、谦余、兆康钱庄因此倒闭。源丰润虽未直接参与橡胶股票投机活动，但因源吉、德源钱庄卷入漩涡，周转不灵，致使源丰润受到拖累，当时市面曾引起极度恐慌。严子均只好凑了价值300万两的房契、证券等交给上海道蔡乃煌，由蔡乃煌出面担保，从而勉强支撑了一段时间。不料庚子赔款这个更大的难关很快来临。原本上海道每年应承担的支付额190万两均存于源丰润等票号生息，可从年度经费中提取。而1910年的情形迥然不同，由于这笔巨款被蔡乃煌拿去救市，道库亦空空如洗，一筹莫展的蔡乃煌只好上书请求朝廷从大清银行调拨200万两，以渡过难关。而清廷知他借公款放债以中饱私囊，不但未答应其请求，且革去其职务，并限令他在2个月内收回官银。蔡乃煌因此骤向源丰润立提巨款，而在沪各大外国银行见出面借钱的道台丢了官，惟恐合约有变，于10月7日宣布拒收上海21家钱庄的庄票，这下陷得最深的源丰润票号被釜底抽薪。

1910年10月8日，这家国内屈指可数的大票号就此破产，一场规模空前的金融危机由此爆发。1910年10月18日《申报》曾以“京师银市恐慌情形”为题加以报道：“自源丰润票庄搁浅后，商民异常恐慌，又兼市井无赖藉端煽惑，致商民存有纸币者，无不纷纷往取现钱。初九日内城永顺、永祥、北德胜、德兴厚、和丰通、同义长及报房胡同德成，外城乾升、义丰、天太厚等钱铺均被挤轧，已有多家不敷周转，相率倒闭。兹将牌号调查列下：新泰号煤市街、北义和东单牌楼、义和昌东单牌楼、同义长东单牌楼、天义苏州胡同，永信厂东门。警厅并提督衙门闻信均设法维持，并派巡警营兵，一面保护被挤各家，一面出示禁止纷扰，并访拿混乱市面造谣煽惑之人，以安人心。”源丰润在京、津、杭、甬等地的分号即被当地政府查封。上海商务总会提议由旅沪多年，商情熟悉的前四川川东道任锡汾为源丰润沪号清理专员，着手清理收支数目，理还公私各款。

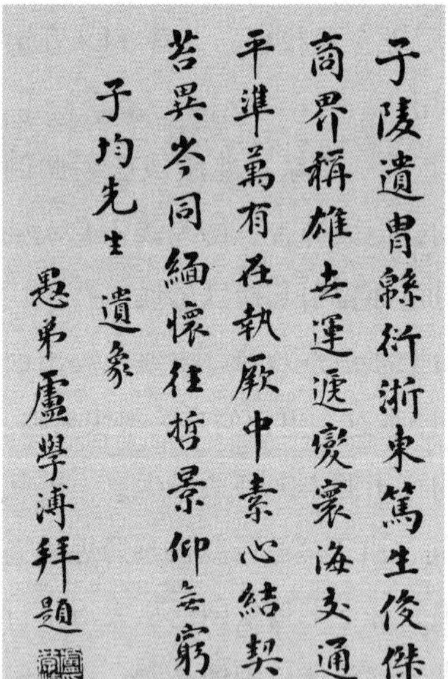

1930年，交通银行董事长卢学溥为严子均题词

严子均虽遭灭顶之灾，但仍全力配合，并电请族兄、著名教育家严修代表严家在天津出面调解。严子均不惜倾家荡产积极理赔，将上海暨各埠房地产、盐岸等项契据和各种实业股票作抵，力求归结债权债务。如他将在天津的私产经司胡同房屋（计规元银36750两）、督院马号后房屋（计规元银8400两）、天津英法租界地产六种（计规元银210000两）和天津兴基地产公司股份（计规元银5250两）全部作为抵押品，以用来补偿源丰润天津分号的存户等。通过严修

的尽力周旋，天津商务总会总理王贤宾从维持天津市面稳定这一大局出发，以天津商务总会的名义接管源丰润天津分号的库存和账目，并向直隶总督陈夔龙提出了一份救助计划和补偿方案。天津债权人和存户都取得了严家房地产和股票作为补偿，从而使天津的老九章和物华楼这两家名店得以维持下来。

在厘清账务和还清债务之后，严子均又花费了数年时间，加倍投入到扩充商业版图的事业中去。但源丰润的倒闭确实使严家元气大伤，亦给严子均的身心带来极大伤害。1930 年严子均在上海病逝，曾任江苏试用县丞的书法家向道深、著名银行家卢学溥、海上著名书画家王震（一亭）和严子均姻亲徐棠、姚福同、刘锦藻均题词表示深切哀悼。

（文 / 谢振声）

周金箴因“橡胶风潮”受累

1910年夏，上海出现震惊国际金融市场的“橡胶风潮”。正元、谦余、兆康三家钱庄因滥发庄票，大肆炒作橡胶股票，结果股市狂跌后，造成数百万两资金被套，周转失灵，先后倒闭。外资银行见状，为免遭池鱼之殃，准备收回拆借给中国钱庄的所有资金，恰如火上浇油。

危机来临，上海地方当局第一反应就是将相关钱庄的有关人员羁押、账本控制。上海道台蔡乃煌与上海商务总会紧急磋商，决定由当局出面救市。7月18日，蔡乃煌携同周金箴乘坐专车前往南京，向上司两江总督张人骏汇报请示，返回途中又到苏州向另一上司江苏巡抚程德全请示。当时钱庄的信用已经崩溃，从外资银行再借款的话，必须由政府出面进行担保。张人骏立即电奏清政府，北京随即批示，同意由政府出面担保钱庄从外资银行借款，以维持市面。清政府外务部将此救市决定照会各国驻华公使。8月4日，汇丰、麦加利、德华、道胜、正金、东方汇理、花旗、荷兰、华比等9家外资银行，向上海借出了总数为350万两的款项。钱庄则将相应数额的债票押给银行，由上海道台担保。

可是祸不单行，那年9月“庚子赔款”到期，清政府按照惯例要上海方面从源丰润、义善源等庄号提取190万两“沪关库款”用以支付。“庚子赔款”出账依赖“沪关库款”。“沪关库款”是属于国库性质的上海海关的税款，历来由上海道台经手，存放于信誉卓著的源丰润、义善源，以备中央财政不时之需。9月，度支部（财政部）欲提此款时，距正元等钱庄倒闭仅两个月，上海道台蔡乃煌上奏朝廷，请求暂不从源丰润等钱庄中提取这笔巨款，改由大清银行拨银200万两垫付“庚子赔款”。当时市面未稳，源丰润、义善源虽然实力雄厚，在猛烈的金融风暴中也不能独善其身，在某种意义上，大有大的难处，大金融机构承受的压力也更大。但清政府所关心的只是能不能如期交付“庚子赔款”，认为如期交付“庚子赔款”事关国家信誉，而金融风潮只是上海一隅之事。因此，军机处对蔡乃煌不愿提取源丰润存款十分不满。按照奏章程序，蔡乃煌的奏折由度支部处理。度支部侍郎陈邦瑞与蔡乃煌素有嫌隙，指使江苏巡抚参奏蔡乃煌，说他妄称市面恐慌，恫吓政府，不顾朝廷颜面，拖付“庚款”。罪名如此之重，蔡乃煌当即革职。

蔡乃煌革职，周金箴遭殃。1910 年 12 月 17 日《民立报》报道了题为《蔡道台革职，周总理遭殃》的消息，称农工商部对于本埠商会周金箴等于沪市危迫之际，不能“妥筹因，随和附和，贻误事机……”请旨饬将该总理撤退另举。农工商部饬令，但上海商务总会会董的反应是挽留，提出理由是上海商务总会已近换任选举，望“君（指周金箴）身膺一埠之重”，恳请农工商部能够容许周金箴任满卸职。隔了一个月，宣统三年正月，周金箴不再参加选举，自然而然地卸任离职。

周金箴卸任，取而代之的是江西清江人陈作霖。那年是辛亥年，南方和中部地区革命起义的熊熊烈火蔓延至浦江两岸。上海商务总会、沪南商务分会倾向革命议董参与行动，由商会组建的商团更是在攻打清政府上海军事方面最后防线江南制造局时冲锋在先，立下了汗马功劳。起义后不久，沪军都督府成立。原商务总会议董朱葆三等浙江籍绅商另行组建上海商务公所。他们的理由是清政府已经推翻，商务总会是按照清政府制定章程组建的，应予取缔。商务总会和商业公所两个商会在报纸公开辩论，没有结果。

时间已经是 1912 年，中华民国临时政府成立。商务总会和商业公所两个商会中人毕竟原来都是相识、相熟，而且都是场面上的人，总得要找个台阶下吧。于是，双方商定，两个商会合组为上海总商会，并且公开登报。2 月 29 日起连续数天，《申报》等各大报刊登载了“上海总商会第一广告”，称“民军起义，上海光复，原有之商务总会系旧商部所委任，理应取消，商界又重新组织临时商务公所。现在民国大定，政治统一，应即规定办法，于2月27日邀集各商董会议，公定名称为上海总商会，以昭统一”。上海总商会正式宣告成立。

谁当上海总商会会长？是陈作霖？是朱葆三？他们2位谁当了都不合适。不得不把周金箴，周大老爷再请出来，唯有这样，两方面的人物都认同。于是同年5月召集第一次会员（会友）会议上，周金箴再次被选举为议董。当选的31位议董再互选总理、协理，周金箴被推为总理，贝润生、王一亭被选为协理。

（文/王昌范）

中国化学工业社与方液仙

在旧中国的民族日用化学工业企业中，若论创办较早、规模较大、产品较多的，当推中国化学工业社，它的创办人是爱国实业家方液仙。

方液仙（1893—1940），字传沆，宁波镇海人。少年时代的方液仙血气方刚，目睹当时清政府腐败无能，外敌欺凌，工业落后，便立下了日后兴办工业、振兴国家的志向。在上海中西书院读书时，他对化学有浓厚兴趣，曾拜上海江南制造局德国技师窦伯烈为师。他在学习过程中，不仅刻苦研读书本知识，还在住处设立实验室，进行化学实验。扎实的理论知识和化学实验的能力，为他后来事业的成功奠定了基础。

中国化学工业社股份有限公司总发行所。
1920年搬迁至河南路444号（后改为257号）

上海总商会会员方液仙

1911年，年方18岁的方液仙鉴于化妆品市场外货充斥，利润外流，毅然决定独资创办中国化学工业社，研制国产日用化学品。他带领几名工人，几经试验，终于制造出第一批三星牌牙粉和雪花膏、生发油、花露水及香粉等化妆品。生产初期，由于产品销路不广，导致连年亏损，尚难与洋货抗衡。但化妆品市场上出现了国产货，毕竟迈出了可喜的第一步。

1919年，伟大的“五四”运动爆发。全国人民的爱国热情空前高涨，掀起了一股抵制外货的高潮，中国化学工业社的产品销路就此打开。方液仙抓住这一大好时机，在其叔父的支持下，将中国化学工业社改组为股份两合公司。当时国际市场上牙膏正在逐渐取代牙粉，方液仙看准这一趋向，马上着手进行牙膏的试制。他参考国外的先进经验，经过多次试验后，国内最早的自产牙膏——三星牌牙膏终于在1923年问世。三星牙膏的质量和香味都远胜于牙粉，而且价格比进口牙膏便宜得多，故销路猛增。与此同时，他还抓紧研制三星蚊香。为了解决蚊香生产主要原料除虫菊的自给，他先在浙江余杭和上海北新泾开设两个农场进行除虫菊的试种，以后又推广到温州和南通等地农村大面积种植。由于原料供应有了充分保证，三星牌蚊香的生产便突飞猛进地发展起来。经过数年努力，悉心经营，三星蚊香不仅畅销国内，而且远销南洋各埠，终于取代了曾独占中国市场的日货野猪牌蚊香。至1925年“五卅”惨案前，上海市场上的日货蚊香几乎绝迹。

三星牌牙膏和蚊香的制造成功，为中国化学工业社的进一步发展奠定了良好基础。至此，方液仙逐渐使国货占领市场的愿望得以初步实现，他也看到了民族工业发展的潜力和希望。为了扩大经营品种，1923年，他在上海建成一个专门生产调味粉和酱油精的工厂，其产品与吴蕴初的“天厨味精”一起，将日货“味之素”挤出了中国市场。1939年，中国化学工业社设备最全、规模较大的一个分厂又告成立，主要生产箭刀牌肥皂和甘油等。方液仙还投资兴办了一批直接为该社服务的晶明玻璃厂、中国制管厂等企业。在他的领导下，中国化学工业社自1911年创立到1939年，经过近三十年的努力，已发展成为当时我国民族日用化学工业中规模最大、配套相当齐全的厂家，对发展弱小的民族工业起到了积极作用。

1940年南京汪伪政府成立后，汉奸傅筱庵利用同乡关系向方液仙游说，要他与汪伪政府合作，并以伪实业部长相许，被方液仙当面严词拒绝。日伪见引诱不成，转而施加威胁，一时间恐吓信不断飞来，但方液仙不为所动，决不与汉奸同流合污，表现了崇高的民族气节。1940年7月25日，方液仙在驱车外出时被日伪特务绑架杀害，遇害时年仅47岁。

方液仙自1920年至1927年为上海总商会分帮会员。1933年任中国国货公司总经理。他筚路蓝缕，历尽艰辛，潜心致力于中国化学工业社的创办和发展，为民族日用化学工业的发展作出了重要贡献。这位爱国实业家的名字将与中国化学工业社一起，永远载入中国化学工业发展史册。

（文/谢振声）

固本肥皂与项松茂

项松茂（1880—1932）是浙江鄞县人，他自幼聪颖好学，14 岁开始当学徒，后又任过会计，工作勤勉刻苦，在经营管理上亦显示了才华。创办于 1907 年的上海五洲药房，当时因亏损过多，在 1911 年聘请项松茂任总经理。在他悉心主持下，该药房以“勤俭”二字作为办企业的方针，相继推出了人造自来血、代参膏、鱼肝油精丸、止咳杏仁露等多种国产成药，对发展民族制药业有过重要贡献。

1922 年，五洲药房改称为五洲固本皂药厂，分为制皂、制药两大部门。五洲固本皂药厂是当时我国民族资本家经营的制皂工业中规模最大的一家现代化制皂厂。次年，该厂生产的洗衣皂——“五洲固本皂”正式问世。

位于福州路的五洲大药房

“五洲固本皂”问世初期，就遇到了英商中国肥皂有限公司（以下简称“中皂”）的“祥茂”肥皂的激烈竞争。1844 年在英国伦敦设立的英国肥皂托拉斯利华兄弟公司，是世界肥皂工业的霸主，“中皂”即为其子公司，设在上海杨树浦，资本达 800 万元，是远东最大的制皂厂。若论“中皂”的资本和规模，五洲固本皂药厂根本无法相比。但项松茂出于爱国热忱，为了振兴民族制皂业，不畏对手强大，力量悬殊，竭尽全力在质量、价格和市场三个主要方面与“中皂”开展了艰苦的竞争。

他曾亲自赴日考察制皂技术，重金聘请化学专家和技术人员，反复试制，使“五洲固本”皂形体不变，去垢力强，不损衣料，产品质量趋于稳定，且各项质量指标均超过了“祥茂”肥皂。

在价格上，由于“中皂”凭借其雄厚资本，大肆排挤和打击五洲固本皂药厂，采取赠送、寄售、赊销等方式，使五洲固本皂药厂惨遭亏蚀。如1924年，“五洲固本皂”销售额虽达银382000余两，但在英商激烈倾轧下，年底结算时仍亏损5000余两。项松茂为了维持国货制皂工业，宁愿暂时赔本，用药厂的利润来弥补亏损，决心与“中皂”做长期的竞争。

在市场上，五洲固本皂药厂面对“中皂”遍及全国各大城市的推销网，针锋相对，通过设在国内的原五洲药房21家支店、54家代销店和142户分销代理处，以及在海外的新加坡、爪哇、小吕宋、日本、伦敦、温哥华等21处经销点，逐步形成了一个范围广泛的销售网。当时市场上还出现了由投机商推销的质次冒牌的五洲固本皂，使“五洲固本皂”的处境更为险恶。为此，项松茂花费许多精力和财力，开展了一场声势浩大的广告宣传，他一方面在报纸上刊登启事，请人们认清“五洲固本皂”商标，不要为赝品所蒙骗；另一方面在上海市区及沪宁、沪杭等铁路沿线做了大量的路牌广告，当时的上海市区，东自杨树浦，西止徐家汇，南起半淞园，北到番瓜弄，在每一菜场和居民区，均可见到“五洲固本皂”的油漆广告。

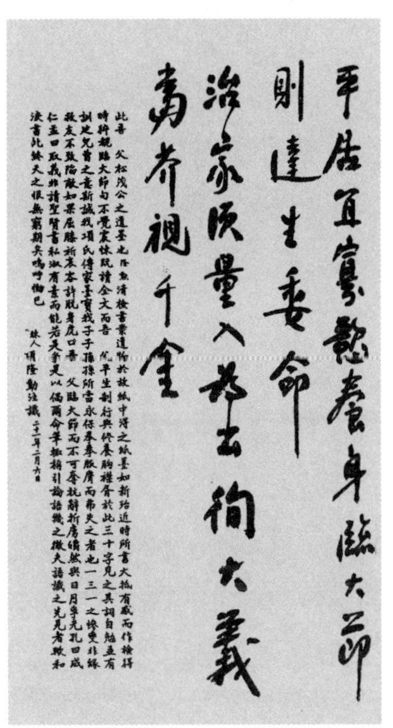

1932年2月6日，项松茂之子项隆勋在父亲手书联语“平居宜寡欲养身，临大节则达生委命。治家须量入为出，徇大义当芥视千金”题写说明

1925年“五卅”运动爆发，人民群众

的爱国热情空前高涨，市民群起抵制日货和英货，由于“五洲固本皂”质优价廉，且通过广告宣传在社会上享有较高的声誉，故而销路大增，日产达500余箱。还新增了高花香皂、玫瑰香皂、檀香皂、硼酸浴皂等品种。

项松茂曾手书联语：“平居宜寡欲养身，临大节则达生委命。治家须量入为出，徇大义当芥视千金。”“九一八”事变后，他主动组织五洲固本皂药厂职工编成一营抗日义勇军，自任营长，作好抗战准备。1932年1月31日，他为营救被日寇捕去的该厂职工，不幸被日军劫持后杀害，为国壮烈献身。项松茂以其全部精力促进了民族制药业和制皂业的发展，这位为抗日捐躯的爱国实业家永远值得后人纪念。

（文/谢振声）

上海科学仪器馆与虞辉祖

上海科学仪器馆创办于1901年，是中国人自办的第一家科学仪器馆。该馆主要创办人虞辉祖、钟观光和虞和钦，都是镇海大碶（现属宁波市北仑区）人。该馆首任经理虞辉祖（1864—1921），字含章，别号寒庄，1909年至1912年为上海总商会个人会友，1918年为分帮会员。

虞辉祖早年专习古文。甲午战后，受变法图强的思潮影响，他与同乡钟观光、虞和钦走上了弃科举、学科学、兴办实业的道路。他们组建四明实学会，购置京沪等地和日本新出版的科技书刊，如饥似渴地学习自然科学知识和日语，并购买实验仪器及药品，动手做理化实验。后把实学会迁至宁波月湖辨志书院，试制黄磷炸药。1900年，他们自行设计，自筹资金10000元，在上海浦东烂泥渡创办灵光造磷厂。时任清政府商务大臣的盛宣怀曾专门派人前来考察，认为“制造得法，不让外人”，准许专利15年，惜开办半年后即告关闭。其中一个重要原因就是由于当时国内缺乏科学仪器、设备和药品。为此，他们决意办一个科学仪器馆，以求改变这种被动局面。

1901年，他们在上海五马路（今广东路）创建了中国首家科学仪器馆，后移至四马路（今福州路）惠福里，曾在沈阳和汉口开设过分馆。虞辉祖主持馆务，从规划设计到置办仪器均亲自担当。该馆从销售各种日本生产的科学仪器和药品起步，尔后逐渐自制各种仪器及体育用品。1903年在馆内设立了一个制作所，开始时先根据舶来品进行仿制，并从事仪器修理，稍后逐步自制理化仪器、绘图仪器和体育用品。不久又设立了标本制作所和模型制作所，共招收工人100余人。标本制作所剥制鸟兽昆虫类，压制草木华叶类，由镇海渔轮捞取海藻鱼贝珊瑚类，制成了鸟兽、昆虫、花草、鱼虾、贝类、珊瑚等标本。模型制作所则制造星球地形、人体肺腑、心肾骨骼等实验教学模具。该馆印行过《博物模型样本》等，将所制为数众多的标本和模型，提供给当时北京、天津、上海、南京、沈阳、汉口等地的一些高等学府，以应教学、实验之需。这在一定程度上对我国新兴的科学事业和高等教育事业起过推动作用。

1903 年由上海科学仪器馆创办的《科学世界》是近代中国最早的综合性科学期刊之一。虞辉祖在《发刊辞》中抨击清朝腐败，号召借鉴日本经验，重视科学，建立实业，以振中华。该刊创办宗旨为“发明科学基础实业，使吾民之知识技能日益增进”，注重西方自然科学知识和科技制造方法的介绍，希望有助于我国民族工业的发展。并登载有爱迪生、瓦特、马可尼等发明家的事迹，激励国人奋发向上、顽强拼搏。次年，该馆创办理科讲习所，积极普及科学知识，以利培养理科人才。并于 1906 年和 1907 年，分别在沈阳和桂林开设了理科讲习所，使当地不少人受到了自然科学知识的启蒙教育。该馆编译的丛书对引进西方近代科学知识、促进我国科学事业和教育事业的发展起过积极作用，其中有虞辉祖翻译、钟观光校阅的《中学校初年级理化教科书》和虞辉祖、虞翼祖译述的《实验化学教科书》等。

上海科学仪器馆积极支持光复会等革命团体的活动，投入反清革命，曾研制炸药供革命之需。中国教育会主办的从事资产阶级革命的学校——爱国女学和爱国学社相继成立后，该馆在仪器、药品、标本、书籍、文具的供应方面给这两所学校以许多方便。该馆一度成为旅沪宁波人聚会的场所，汇集了一批主张革命以实业救国为主旨的甬籍知识分子，参与创办过《宁波白话报》，最早的宁波同乡会就是在该馆组织起来的。

虞辉祖先生曾任镇海县议会参议员，在家乡灵峰山腰建四望亭，修桥梁，创办虞氏小学堂。后遍历各地名胜，寄情于名山大川，致力于文学创作。著有《寒庄文编》2 卷、《寒庄文外编》1 卷。晚年任山东省省长署秘书、总统府咨议官。不久，应邀编修《镇海县志》而辞职归里，未几病逝。

（文 / 谢振声）

宁绍同乡合力创办宁绍商轮船公司

清朝末年，上海到宁波的轮船航线，基本上控制在洋商手里。1908年（清光绪三十四年），行驶于沪甬线的英商太古公司的北京轮，统舱船票，从每人五角涨至一元，不久，涨至二元，清政府不闻不问，官办招商局的江天轮反而跟在后面一起涨价。沪甬线轮船的旅客，以宁波人和绍兴人最多，宁绍两帮人士，听到这个消息大哗。他们向有关当局奔走呼号，要求制止加价，但毫无结果。这样昂贵的船票，使一些贫穷的旅客无力负担，深受其苦。为此，宁绍旅沪商人，集会讨论抵制办法。经过几次磋商，觉得只有由商民自己集资购买轮船，行驶于沪甬线，才能对抗。当时上海商务总会议董虞洽卿、胡稑芗发起，邀请宁波、绍兴两地商人在麦家圈大庆楼会宴，共商集资购买轮船的办法。虞洽卿（1867—1945）字和德，浙江慈溪人，德商鲁麟洋行买办、华俄道胜银行买办，荷兰银行买办。胡稑芗（1857—1920）名善登，号稑芗，浙江余姚人，是北市钱业公所董事，兆丰钱庄经理，上海商业会议公所发起时，当选议董。会商结果，当场议定股本一百万元，定名为"宁绍商轮船股份有限公司"，每股一元，分头募集。群众闻讯，振奋异常，集股极为踊跃，因为动员到一般小民，因此以小额投资的居多，股东竟达5万多户。1908年9月资金筹足后，一面先向福建船政局购置轮船一艘，取名"宁绍"。该轮时速11里，净吨1920吨。一面在沪甬两地建造码头货栈。并于1909年初申请注册立案，当年5月开航沪甬线。接着，又向中国商业轮船公司添购"甬兴"轮一艘，时速13里，净吨999吨，于同年8月和宁绍轮对开。宁绍、甬兴两轮每张统舱船票只卖五角。这一举动，不仅宁绍两帮人士，而且旅沪的其他各行各业人士，无不为此称赞。宁绍轮首次航行之日，旅客们笑逐颜开。这一举措，可以看出人民群众团结的重要性，集体力量的伟大，一旦中国人齐心协力，什么困难都难不倒，外国人看了也赞叹不已。

宁绍轮开航之后，每航次都是货客俱满，而太古公司的北京轮却无人问津，空船往返沪甬。当时，洋商自恃有雄厚资力，不惜亏本于一时，以大减价手段，妄图扼杀华商。宁绍轮的船票每张五角，北京轮竟跌至一角，致使宁绍公司营业一落千丈。该公司的资金只有区区100万元，怎经得起这样的打压，形势十分危急。而公司当局对此一筹莫展，徒唤奈何。眼看停业在即，若停业后，北京轮又可为所欲为，肯定会任意涨价，那是吃亏的仍将是中国人。当宁绍公司正在岌岌可危之际，忽然接到署名“二呆”的一封计划书，并附寄规银五百两庄票一纸，主张组织“宁绍航业维持会”，号召群众奋起挽救。并提出建议：（一）旅客买票仍出一角，其余四角由维持会补贴，这样，既不增加旅客负担，又不减少公司收入；（二）维持会会员在沪甬两处码头宣传、劝说旅客乘宁绍轮，并由工作人员乘北京轮调查，如有人仍乘北京轮，宣布其姓名，以示羞辱。这样一来，人心大振，促使很多旅客只乘宁绍轮而不乘北京轮。宁绍航业维持会由旅日巨商吴锦堂担任会长，在沪主持会务的是美华利钟表店店主孙梅堂。孙梅堂（1884—1959）字鹏，浙江鄞县人，后来成为上海总商会会董。当时，很多群众，听到有此组织，一致赞成，入会者数万人，一下子集中了足够的人力物力。这样，使宁绍公司的营业蒸蒸日上，北京轮虽跌价也毫无生意。相持数月，英商太古公司亏蚀累累，终于屈服，向宁绍公司求和，情愿将船票价永远规定为五角，绝不涨价。至此，一场争夺航权的斗争，到此结束。宁绍公司也获得了相应的发展。

上海总商会会董孙梅堂

宁绍公司后来还添造了“新宁绍”轮船一艘，吨位比宁绍轮大，客位亦多。“新宁绍”建成后，就以该轮行驶沪甬线，将原有宁绍轮调航上海至汉口航线，继续与洋商轮船竞争。

（文/楼德型）

商品陈列所

商品陈列是伴随着近代资本主义和世界贸易发展而提出的一个新兴概念，商品种类的繁多和工业的专门化发展，使得商品分类陈列成为一种必须，各区域和各个国家的货物聚集在一起，按照某种能够促进商家比较和人们观赏的方式进行陈列。清末新政以后，迫于国内外压力，自上而下进行了各项新政改革，商品陈列所在商部的支持与各省督抚的协办下如火如荼地大力兴办起来。在上海总商会众多事业机构中，商品陈列所无疑是最耀眼的一颗明星。因为它不仅在上海有影响，而且在各地商界以及美欧、日本以及东南亚都有影响。

1915 年，上海总商会提出了筹建商品陈列所。同年 10 月在上海总商会办事机构中则设立陈列股（科），具体进行筹划事宜，订定《上海总商会筹办商品陈列所章程》6 章 26 条，并择定上海总商会会所北面（即后河南北路以西的街面）为陈列所基地。1917 年 3 月 10 日，上海总商会第五期常会议案中，讨论商品陈列所设计图样案，常会推举会董朱鑑塘、朱吟江、虞洽卿负责该项目，朱鑑塘［朱鉴堂（炯），江苏吴县人，时年 49 岁，茧府锦绸业代表，企业名为“久成”］对于办展会有经验，朱吟江是经营进口木材的，对于采办建材有经验，虞洽卿是开发房地产的，对于开发建楼有经验。

1919 年春，商品陈列所动工兴建，历时 1 年，于 1920 年夏竣工，该建筑占地 724 平方米，楼高 3 层，总面积为 1625 平方米，分隔成 18 个空间，共花费 68143 银两。商品陈列所建筑工程由上海总商会验收通过后，迅即进行了一系列的开馆准备工作，如向全国征集商品、布置陈列室、组建办事机构、推定职员等，还订定了各种规则，有《商品陈列所章程》18

条、《陈列部各员服务规则》10 条、《商品陈列所征集商品规则》19 条、《陈列保管规则》14 条、《商品陈列所观览规则》18 条、《商品陈列所展览审查章程》13 条，遂向农商部及江苏省长备案。

1921 年 11 月 1 日上午 10 时，上海总商会商品陈列所隆重开幕。美国商务参赞，瑞士、比利时、瑞典、日本等国领事，农商部代表沪海道尹王芷扬，江苏省长代表上海县知事沈宝昌，淞沪护军使代表陆达权、税务处督办代表姚文敷以及报界人士等 500 多中外各界来宾出席，知名人士马相伯发表了提倡国货的演说。然后，来宾参观了陈列所一至三楼的美术部、饮食品部、农林园艺部、机械部、染织工业部、制造工艺部、矿产部、水产部、化学工业部、药品部、科学仪器部、狩牧部的各类展品。与开幕典礼同时的，上海总商会举办了首次展览会。从 1921 年 11 月 1 日至 30 日。在展会上得奖的商品被授予铭牌。后来成为上海著名品牌的“华生电器”如电表等产品都参与了这个展览。

1922 年 9 月，上海总商会在商品陈列所内设立售品部，根据《商品陈列所售品部试办章程》25 条规定，售品部专门代理国货厂商推销优良产品，买卖手续分为即时、约定、通信 3 种，费用收取根据卖主售出物品的销售额酌定。

上海总商会时期，举办的展会除开幕展览会（1921 年 11 月 1 日至 30 日）以外，有：蚕茧丝绸展览会（1922 年 10 月 6 日至 25 日）、化学工业展览会（1923 年 10 月 10 日至 25 日）、夏秋用品国货展览会（1928 年 7 月 8 日至 20 日）4 次主题商品展览会。常年陈列的全国各地展品有 34400 余件，平时免费向社会各界开放，参观人数很多，比如：1925 年达 34546 人次，1929 年达 167393 人次。陈列所根据陈展的内容，多次编辑出版《国货津梁》小册子，详细介绍全国国货工厂、商号的产品、商标、地址，成为推广国货的指南。

商品陈列所还先后为直隶工艺观摩会、汕头总商会商品陈列所、青岛总商会商品陈列所、江苏省第三次地方物品展览会、西湖博览会、芜湖安徽省立第二商品陈列所、荷兰万隆城博览会、美国纽约赛会、美国费城商品陈列馆、暹罗国货陈列馆、小吕宋嘉年华会展览会、霹雳中华总商会、新加坡中华总商会、巴达维亚中华总商会代理征集中华国货，数量分别为505件至9842件不等。通过举办各种富有特色的综合和专门展览会，促进那个时代人们对优良国货的认识以及通过比较来改良国货，扩大市场份额，通过在商品陈列所内部建立售品部和国货商场，沟通商家和顾客，为商家提供了一个展示的平台，为顾客提供了一个选择的平台。

担任上海总商会商品陈列所所长的是田澍霖（1921年3月—1925年8月），徐乾麟（1925年8月—1928年5月）、石芝坤（1928年5月—1929年4月）。1930年，上海总商会改组为上海市商会，商品陈列所同时被上海市商会接收，改称上海市商会商品陈列所。

（文/王昌范）

华生牌电扇获奖

1922 年 6 月，在上海总商会商品陈列所举办第一次展览会上，华生电器制造厂的出品获得优等奖及金质奖章。之后，在上海总商会举办的多次展会上，华生的产品连续获奖。华生电扇是老上海家喻户晓名牌产品，它是怎么发展起来的？为什么质量优良。上海市工商联文史资料室老同志楼德型先生曾写过《华生电扇在国货运动中的发展》史料文章，在此撷取精要，或许对现在制造业发展有所裨益。

华生电器制造厂创办于 1916 年，是我国最早的一家民族电器工厂。该厂取名“华生”，包含着“为中华民族之生存”的意思。

华生厂的创始人叶有才、杨济川、袁宗耀，原来分别是布店营业员、洋行会计和木行跑街。他们看到市场上热销的美国通用电器公司生产的奇异（GE）电扇，他们起意自造国产电扇。杨济川爱好电器技术，业余潜心研究，在叶有才、袁宗耀的支持下，以奇异电扇为样品，经过半年多的努力，终于在 1915 年试制成功 2 台电扇样品。欣喜之余，袁宗耀拿着电扇去找上海总商会会董、杨子保险公司经理、苏州电灯厂大股东祝兰舫，祝兰舫十分赞赏他们的钻研精神，但也担忧几个问题，一是用户偷电，二是进口的电流限制表价格昂贵。祝兰舫提出的实际问题，引起了杨济川他们思考，杨济川买来了旧的进口电流限制表为样品进行研究。在研究中杨济川发觉，该表原理简单，而进口货结构复杂，如果依样仿制，成本很高，于是设法予以简化结构。当年冬天他们就造出样表，送苏州电灯厂试用，结果非常满意。产品有了销路，就有开办工厂的条件，叶、杨、袁 3 人凑集了几百两银子，在四川路横浜桥租屋数间，雇用六七个工人，于 1916 年 2 月正式开工。

随着电流限制表陆续交货，资金逐渐宽裕。接着，苏州电灯厂的第二批订货接踵而来。1917年，叶、杨、袁3人又集资1000两银子盘下兆丰路（高阳路锦瑞里）远达电器厂，作为新的厂房。产品品种有电压表、开关、输电变压器和直流发电机等。1919年，他们又在周家嘴路购地十余亩自建厂房，添置了新的设备。此时，工技人员已达七八十人，产品品种又增加了交流发电机、高低压开关和全套电灯厂用的配电盘等。1925年，再次扩建厂房40余间，增添工作母机百余台，工人增加到300余人。

条件具备，1925年，华生电器厂开始成批生产华生牌电扇，当年产量1000台。1926年12月上海总商会商品陈列所举行第四次展览会，华生牌电扇参展，获得优等奖，与电风扇一起参展的发电机也获得优等奖。《上海总商会月报》刊登了华生牌电扇获奖消息，此时，华生电器厂才将商品投放市场，顿时成为市场上的热销商品。

由于电扇是大批量生产，电机是小批量生产，两者混在一起很难适应，于是1933年又在沪郊南翔镇购地增建厂房，另外建立了华明电器厂，专门制造各种电机、电器产品。原来的周家嘴路厂则专门生产电扇。产量逐年增加，又因生产电扇工种多，仓库所占面积大，运输任务繁重，为了方便管理和生产，再按电扇部件划分为10个分厂。1934年秋，该厂在福建路建立了总管理处。到1935年改组为股份有限公司，着重于大批量生产电风扇。1936年，华生电扇年产已达3万余台，畅销国内外，进入了全盛时期。

华生电扇问世，正值“五卅”惨案发生，国内反帝爱国运动蓬勃发展，“提倡国货，抵制洋货”的呼声遍及全国。华生厂趁此形势，参加了国货工厂联合会；利用各种国货展览会的机会，竭力扩大自己的影响，使产品销路直线上升。为了开拓国外市场，华生经理叶友才几次出国，与南洋各地商会联络，开办电扇展销会，并同侨商广订经销协议。当地华侨出于爱国，拒购洋货，欢迎国货。经过他们的精心策划、推介，使华生电扇在东南亚市场迅速占有一席之地。

我国电扇市场原为美商慎昌洋行经销的奇异牌电扇所独占。华生厂投产初期，即对奇异电扇进行了技术分析，看到“奇异”设计有不尽合理与不够完善之处。于是，他们就从彻底改革工艺和提高质量着手，在吸取“奇异”优点的基础上，对一些部件作了改进。如把原来的铸铁底座改用钢板拉伸，这样既减轻重量，又减少加工量；同时增加机械通风，使电机升温降低，摇头部分以铝合金代替铸铁，使之更为轻巧灵活；钢风叶增加镀镍，使外表益臻美观。这样，华生电扇的结构及质量就全面超过了“奇异”，而且降低了成本。为了保证质量稳定，每台电扇在出厂前，都经过严格的校验。如 36 吋、42 吋、56 吋、60 吋吊扇，除在厂内做一年的运转试验外，还挪到苏州作了连续 6 个月的运转试验，实验证明，安全可靠。当时，上海市公用局一次购买华生电扇数十台，经过试用甚为满意，使用数年依旧良好。该局对华生电扇的质量赞叹不已。在东南亚市场上，华生电扇初露身手，就被爱国侨胞誉为“国货电器之上乘，足以抵拒外货而有余。”在短短几年内，华生电扇产量迅速上升，1927 年生产 5000 台，1928 年生产 1 万台，1929 年为 2 万台。

通过国货运动和参加各种展览会，华生电扇和其他电器产品，声誉与日俱增。当时全国有 25 个城市的各大电料公司经销华生电器产品，华生电扇的销售量占国内市场十分之八九。在国外，菲律宾、安南（现越南）、新加坡、马来半岛、苏门答腊、小吕宋、爪哇、暹罗（现泰国）及南洋各群岛的各大电料行，也经销该厂产品，每年出口量达 1 万台左右，占该厂电扇产品的三分之一。

现在家家户户已经使用了空调，享受着清凉之风，回眸一百年前畅销的家用产品“华生牌电扇”，人们还有一种怀旧和思念。忽然间，在某个博物馆或者某个老建筑陈列着“华生牌电扇”，人们会产生一种别样的感情，这就是时代给人的一种感悟。

（文 / 文　舟、赵　军）

老上海的汇票掮客

汇票掮客的产生是在1904—1905年间。在此之前，外汇结汇，都是由洋行买办自己到银行去办理的，后来因为进出口业务发展，汇票数额增加，加上代收庚子赔款，上海开设了许多洋商银行，致使结汇业务迅速增长，于是就产生了汇票掮客。

最早的汇票掮客，多数是英国人，也有法国人和德国人，为数不到十个人，其中比较出名的有老马立斯、老中庸、华埃脱等人。第一次世界大战爆发后，德国掮客进了集中营，英、法掮客去掉了劲敌，生意做得更红火了。于是，美、日、意等国人也加入了汇票掮客行列。第一次世界大战结束后，汇票掮客组织了公会，掮客人数被固定下来，不准增加。

1925年，国内发生“五卅”反帝运动，中国汇票掮客出现。当时，国内掮客都加入了上海银行公会。后来，由上海银行公会与洋商共同商定，人数被严格限定为16人，而且必须有洋行证明，必须得到各银行同意。这些人如果能得到浙江实业银行李馥荪和上海银行陈光甫的保荐，那就可很容易地加入上海银行公会。

每个掮客都各有自己的靠山，而各中外银行也都各有关系密切的掮客。如老马立斯是汇丰银行大班的本家；国内掮客中，施赓瑜的背景是华比银行大班，韦伯祥、席德炳、席韵樵都以中国银行为背景，李观森专做英美烟公司等外商企业。其中李观森，广东新会人，就读美国康奈尔大学，回国后曾在上海圣约翰大学任教，后来经营商业很有成就，做汇票掮客是他一个亮点。在上海虹口建有一栋西班牙式的建筑，时间是1924年，正是他事业兴旺之时。

在那个时候，上海的金融市面，操纵在英商汇丰银行手里。外汇价格根据隔夜伦敦行市，第二天早晨9时由汇丰银行挂出牌价，汇票掮客清早坐了马车先到汇丰银行看了行情，就跳上马车回去接洽业务。此时，正是分秒必争，马车跑得飞快。当时，上海尚无对讲电话，掮客接到委托外汇买卖业务，也是坐了马车去银行兜售或买进的。到了有对讲电话以后，掮客们就自设汇票间，以对讲电话接洽业务。

汇票掮客经营汇票交易，早期按规定收取佣金1.25%，后因收入太丰，被汇丰银行大班削减为0.625%，但收入还是很可观。掮客不仅代客买卖汇票，而且利用有利条件做投机交易，也受托替别人进行投机。投机者有时难免亏本，而掮客则仍可从中获得利润。一些掮客如李观森、韦伯祥、施赓瑜，生意繁忙时，一个月佣金收入达三四万元；徐宝瑜与意大利掮客合作，两人每月收入达两万美元；英国人马立斯，1910年来上海时，是个穷光蛋，到1912年，通过掮客生意，就购置了大量地产。著名的马立斯小菜场（即今大沽路菜场）的地皮，就是他送给租界工部局的。由于菜场买菜方便，吸引了一些人前来居住，连带使地产价格节节上升。后来老马立斯将职位让给其儿子小马立斯，又赚了很多钱，房地产更多了。现在的瑞金路到陕西路文化广场一带，当时都是他家的产业。他家还搞了一个小跑马厅。后来将跑马厅一半让给别人开逸园跑狗场（即今文化广场原地址），另一半自己建造了一所新住宅。由于汇票掮客的收益高，掮客牌子的价格也高，如掮客樊于庭的牌子是花了4万元买来的，席韵樵也是花了4万元买来的。当掮客人数限定为16人以后，身价更高了，一块掮客牌子，有愿出10万美元的，掮客们还舍不得出让呢。

（文/楼德型）

外国在华银行停业倒闭风波片段

外国帝国主义对旧中国的经济掠夺，真是无孔不入！从金融业来看，不少外国银行在中国设立分行，一般并无巨额资金，只不过吸收我国人民存款，以榨取我国的钱财。这些银行，一旦在其本国或其他国家因经营不善或投机失败，往往将其亏损转嫁于我国。由于当时中国政府对外的软弱无能，中国人民往往只能忍气吞声，自认晦气。

1921 年 7 月 1 日，法国中法实业银行宣告停业。早在 1921 年初，路透社记者已经说它不稳，而法国政府却竭力否认。法国总理还表示将始终维持该银行，绝对负责。事情发生后，各外国债权人奔走呼号，不遗余力，而当时的中国政府却漠然不动。直至四个月以后，上海银行公会鉴于法国政府毫无表示，才于 11 月 16 日在香港路银行公会组成"上海中法实业银行中国债券团"。

中法实业银行系向中国政府注册，内有中国政府股本三分之一。它在中国很多省市设有分行，还在京、津、沪、汉、济、奉等地发行钞票，所欠中国债务达数千万元之巨。上海债券团成立之前，上海银行公会提出：（1）建议京、津、汉等各地均组织债权团，核查该银行在我国之债权债务；（2）中国政府应与银行公会会同法国政府查封该行财产账簿，组织清算委员会清理。

上海债权团成立后，一面通电各地债权团请与上海联络一致进行；一面发出公告，请债权人前来登记；并致电中国驻法公使陈转达法国政府。由于当时没有本国政府做后盾，债权团电文的语气也是十分软弱的："敝团深赖贵国之友谊，并信仰贵政府正月间官电云，凡遇法国银行在紧急之时，政府当予以援助等语……乞容更进一言，倘不早定完满之办法，必将酿成反抗。敝团等素仰贵国为贵信之邦家，文明之保障，前所陈述，必蒙采纳矣。”债权人以这样“谦逊”的语言，向欠债者乞怜，却并没有得到人家的垂悯，真是可叹可怜到极点了！

关于中法实业银行发行的钞票，上海银行公会认为于小本营业损失甚巨，且该银行发行之钞券是中国政府所特许的。为了维持社会安宁，主张由各地银行公会代理收兑该行债券。代兑钞券之垫款，函请财政部同意在应付中法银行欠款内扣还，并提出：（1）将来交涉结果，无论何如，均由财政部负责，概与银行公会无涉；（2）各银行代垫款请财政部将确数宣布以备偿还；（3）偿还期至迟不得逾半年；（4）垫款利息以月息一分按日计算；（5）如扣还该银行欠款中生枝节，应请财政部另筹款项，如期归还。这些要求，都得到财政部复文同意照办。于是从7月下旬起至9月上旬，京、津、汉、济、奉各地各自指定银行（上海指定17家）收兑印有当地地名的钞票，共224万余元，其中上海收兑了75万余元。收兑工作结束半年后，财政部并没有履行归还垫款的诺言。银行公会就一次一次去函催讨，到1922年8月，财政部复文说，因“财力支绌，无可设法，本部对于各项内债，现在筹划整理，一俟定有办法，当即照办。”又过了两年多，到1925年4月，财政部又复函说，关于归还代垫收兑钞券款项，“已转请中法实业银行从速拨还。”堂堂“财政部”竟窝囊到如此地步，岂非可笑！

再看中法实业银行对此事的态度如何？1923年3月，该行的“利益照料者”中法事业管理公司致银行公会来函，主要有下列几点：

（一）法国政府已决定将1901年中国赔偿法国赔款之一部分，以清理中法实业银行在远东方面之债务。法国之所以如此牺牲，乃欲维持及改组中法实业银行。

（二）按照法国法律，银行可向债权者建议发行一种特别债券称为“摊还券”以抵偿各种负债。此项“摊还”并不附有利息，还款日期亦地钱定。但中法实业银行还应允将此种“摊还券”于25年内即行还款。此种“摊还券”系以法郎发行，如用各种货币折合法郎，则以1921年7月26日之兑换率计算之。

（三）此种办法能否实现，全视债权者是否承认此种建议以为断。倘多数反对，则中法实业银行即行闭歇，应将其应有债务10%资产分配于各债权人，债权者除此以外，就别无所获。反之，若多数债权者能同意此项建议，则对于该行远东方面之债权者，法国政府当将所分配之“摊还券”换给以金洋计算之债票，并附5厘利息。在23年内抽签还款。

（四）该行所发行之钞票亦与别种债务一律办理，先用“摊还券”抵还，铜厂换给金洋债票。至于银行公会代兑该行钞票，各项手续可否从简办理，因不能避开法律上规定之手续，殊为抱歉。

多么居高临下的口气！他们哪像欠债者，倒很像面南而坐的主人。这家银行是向中国政府注册的，照理应受中国法律约束，但他们根本不把你放在眼里。尤其是银行公会替该行代为收兑钞票，这在当初完全是帮了他们的忙，可现在倒反而要与别的债务一律办理，这充分说明当时的中国在帝国主义面前所处地位。

直到1925年8月，因中法实业银行准备复业，才允许将银行业收兑钞票代垫款项委托中国、交通两银行发还，其代垫款利息只归还一半，尚有一半42万余元由银行公会与财政部商定，改为借款，以一年为期归还。

中法实业银行事件，到1925年下半年才在中国方面承受巨大损失后告一段落，不料仅隔一年，1926年9月27日，华俄道胜银行又告倒闭。该银行原由中国满清政府和帝俄政府合办，后来有法国资本加入，欧战后总行设在巴黎。当初，帝国主义者借口保证外债，迫使中国的关税款存在德华、道胜、汇丰三家外国银行，致国家巨额岁入，操在外人之手。而后德华银行先行倒闭。道胜倒闭时，中国政府在该行除了股本、关税款、盐税款外，还有其他各种款项存入，加上各省官绅商民公私款项存在改行的为数甚巨，可笑的是在该行倒闭前一天，尚有中国的关税款存入。该银行在各省市设有分行，有盈余而并不亏损，它的失败是在巴黎和伦敦。道胜倒闭后，上海总商会、银行公会、钱业公会以及一些知名人士，都纷纷上书当时的国务院、外交部、财政部，要求不再重蹈中法实业银行覆辙，提出：

（一）鉴于德华、中法实业、华俄道胜等先后停业倒闭，洋商银行之信用全失，应迅将关税存放之权完全收回，自设关税公库，由政府同银钱两业严定规则，以昭大信，而重主权。（这样的建议在道胜倒闭之前，早已提过几次）。

（二）道胜在华债务，归还在华债权，通盘计算有盈无绌。事关国家财经、人民财产、要求选派委员监督该行清理员办理清算，并命令该行即以其在华资产归偿在华债务，不可任其移挪致受耗损。

（三）道胜经理的庚子赔款、4 厘公债，善后借款等还本付息业务，应立即停止，以后该行的还本付息业务，应移归华商银行办理，以挽利权。

（四）道胜银行其名为华俄两国，俄既撤销治外法权，当然应由中国政府派员清理，法国人不过股东关系，该行不在法国注册，法国政府无权干涉，不能按照法国法律办理，不准他们将巴黎行之损失摊在中国账上。中国政府必须强硬自主，理直气壮。

当时，财政部的回音是：（1）奉明令特派王宠惠督办中国境内道胜银行清理事宜；（2）关税存放办法，上年据各团体请设保管专库，均经转达关税会议委员会筹商，嗣因关会停顿未能解决。此项存放款将来自应妥筹改善，以慰众望。但结果如何呢？派王宠惠督办，效果不大；关税保管不但未能解决，而且将道胜所存关盐两项税款转入汇丰银行。

道胜倒闭后债务清理，直到将近 1929 年年底，才以半数摊还。中国政府和中国人民不得不再受一次屈辱和巨大损失！

（文 / 楼德型）

老上海有个蓬莱市场

20世纪20年代初，舶来品充斥我国市场，民族工业岌岌可危。当时，上海南市曾出现过一个专售国货的“蓬莱市场”，名闻全市，盛极一时。这个商场是无锡人匡仲谋创建的。匡仲谋出生于1876年（清光绪三年），家境贫寒，少年时只身来沪，在一家小面馆当学徒。几年后改做纱布掮客，以后当上了证券交易所和纱布交易所的经纪人。在经济上有了一定基础后，逐步把资金投入银钱业和地产业。那时，教育救国和实业救国呼声很高。匡仲谋出于爱国热情，也感到国民教育不提高，民族实业不发达，就无法振兴中华。于是，在家乡独资开办了一家纱布厂，办了一所小学，两所中学，并资助一些青年学生升入大学和出国留学。1925年，在日本货（吃、穿、用等不少方面）垄断我国市场的情况下，匡仲谋觉得应该有一个规模

老上海蓬莱市场

巨大的国货市场与之抗衡，就决定以自己创办的永宁地产公司名下的南市蓬莱路 24 亩土地上，独资筹建“蓬莱国货市场”。在开办方针确定后，一方面动工兴建，一方面分头与上海各国货厂商联系，请他们到商场来设立分店或门市部。因为提倡国货符合广大工商业者的共同愿望，因此得到许多厂商的热烈支持，纷纷向商场筹备处预定铺面。到 1926 年，商场的 144 间平房店面全部完成，所有店面均被一些大厂、名店承租一空。其中有中法药房、五洲药房、博览书局、冷香阁陶寿伯金石篆刻、老大房、冠生园、锦明电料店、治气照明店、小花园鞋帽店、匡一服装店等。有些工厂如三友实业社、五和织造厂、中华珐琅厂、益丰搪瓷厂、丰华钢精厂等，都各租了五、六间门面作为自己的一个门市部。在市场中心，还开设了两层楼的集贤楼酒菜馆、迎宾馆、茶楼、书场和天乐窝剧场等饮食娱乐场所。南部还有跑驴场、锦绣阁等。东部有照相馆、青年弹子房、以及有 1000 个座位的蓬莱大戏院，为了方便存放各商店的营业资金，匡仲谋还在场内开设了蓬莱银号，由匡自任总经理。

为了宣传国货，扩大蓬莱市场影响，匡仲谋还特地创办了每天出版四开的《上海报》，聘请前清举人任亮虞为主编。在蓬莱市场开幕前，设计了特殊的广告，第一天以正版封面刊登了一个大“蓬”字；第二天一个大“莱”字；第三、第四天，依次一个大“市”字、大“场”字。四天一轮，连续刊载数轮，引起上海广大市民的注意，收到了很好的广告效果，促进蓬莱市场的营业蒸蒸日上。到了 30 年代，这个商场成为南市商业中心，誉满上海全市。

在蓬莱市场的全盛时期，曾举办过多次国货展览。1930 年，该场举办了土布运动大会，邀请天一电影制片厂台柱陈玉梅、电影皇后胡蝶及夏佩珍、高倩苹等电影明星参加开幕仪式。她们身穿由场内服装店精心裁制的土布旗袍，站在主席台上，轰动一时。此举带动了杭州、嘉兴、无锡、苏州等城市相继仿效，纷纷举办了土布展览会，为提倡国货扩大了声势。有一次举办国货展览会，适逢西藏的班禅活佛来沪访问，在匡仲谋和当年南市的知名士绅、上海总商会会董王一亭、姚慕莲、陆伯鸿、陆金水等的邀请下，前来蓬莱市场参观。在“活佛”经过的地上，铺上了黄地毯，以示隆重欢迎。此事经过报纸渲染，更提高了蓬莱市场的知名度。该商场提倡国货的活动频繁进行，当然会招致一些洋商特别是日本人的嫉恨。1937 年“八一三”抗日战争爆发，在日军进占南市时，第一把火就烧毁了蓬莱市场。据估计，当时市场及场内各商店损失约值大米 32 万石，相当于黄金 2500 大条。抗战胜利后，匡仲谋曾酝酿过复兴蓬莱市场的规划，但终因各方面条件欠缺而未能实现。

（文 / 楼德型）

华商纱厂联合会的发起

近代行业商会，从会馆公所发展至同业公会，经历了漫长的岁月。这其中既有官府的干预，又有社会法律法规体系的构建，更重要的是，实业家和商界精英锲而不舍的努力。华商纱厂联合会组建的经过，以及它发展的结果证明了这一点。

上海市政协文史资料曾刊登过王子建先生《华商纱厂联合会创立经过》的史料，王子建先生是上海市工商联文史资料委聘请的老先生，他在文章中介绍了华商纱厂联合会成立的背景，甚为详细，此处不再赘述，仅将华商纱厂联合会成立时，上海总商会以及会董、会员所起的作用简述如下。

1915—1917 年，国内新建纱厂有德大、申新、鸿裕、广勤、直隶模范等 5 家，分布在上海、无锡、天津等地，共有纱锭 14 万多枚。此外，南北各省着手筹建的，至少在 8 家以上。上海总商会会董、申新纱厂荣宗敬、恒昌源纱厂祝兰舫、苏纶纱厂刘柏森等，他们经常碰头，分析国内外政治经济形势，互通情报，交换意见，共谋业务发展。但他们不满足于少数人的联系，很希望有一个全行业的组织和集体活动的制度和会所。

1917 年 3 月 2 日《新闻报》有则棉纱、棉花关税增率问题的报道，引起了反响。上海总商会会员、德大纱厂穆杼斋以个人名义致电北京国务院对棉花等免征出口税表示反对。荣宗敬、祝兰舫和刘柏森则主张先联合同业，而后发电呼吁。因此，他们 3 人联名致函上海、江苏、浙江 23 家纱厂，提出："棉花出口免税关系中国纱厂甚巨，拟发起华商纱厂联合会，借上海总商会内设事务所，研究花纱免税事"。3 月 15 日下午，接受邀请的纱厂代表在上海总商会会所内集议，出席 22 人，代表 18 家纱厂。上海有恒昌源（祝兰舫、张秋园）、厚生（穆藕初）、恒丰（聂云台）、振华（薛文泰）、德大（穆杼斋）、鸿裕（郑培之）、裕通（朱斗文、宋玉书）、申新（荣宗敬）、同昌（何生云）等9家；江苏有无锡的广勤（杨翰西、戴笙甫）、业勤（杨森千）、振新（施子卿、倪壬治）、太仓的济泰（于禹九）、苏州的苏纶通记（刘柏森）等5家；浙江有杭州的鼎新（张松筠）、宁波的和丰（屠燮相）、萧山的通惠公（王晓籁）等3家；另有湖北武昌纱布局的楚兴公司，也派代表徐荣廷、陈品珊出席。

祝兰舫被推为临时议长，主持会议。会议经过讨论，取得如下结果：（一）成立"华商纱厂联合会"，会址暂设在上海如意里三弄宝兴长号（即刘柏森的企业）内。（二）公举代表进京与当局商议解决办法，并拟定代表为张季直、刘厚生、穆杼斋、聂管臣、周实之、潘馨航、杨翰西、戴笙甫等8人，俟函征本人同意后，即准备起程。（三）致电当局院、部，呼吁坚拒日本提出的棉花免税条件，电稿由刘柏森、穆杼斋、戴笙甫3人负责起草。会后，根据决议商定电稿，于3月19日致电北京大总统、国务院总理和外交、内务、财政、农商等总长，以及税务处临时国际评议会。电文内容前段与上海总商会和穆杼斋两电大致相同，后段提出："兹由全国华商纱厂代表在申集议数次，先举代表聂其炜（即聂管臣）、刘垣（即刘厚生）、穆湘瑶（即穆杼斋）、杨寿楣（即杨翰西）君等入都，向当局详陈花纱免税利害，呼吁和恳请当局熟思审处，严行拒绝，同时提出关于花纱进出口税厘事，恳请得允许纱厂代表参与其议，以重实业，而固国本。"当时，出席会议的全部厂名和代表姓名均署名，随后，刘厚生、穆杼斋、杨翰西等3人赴京，聂管臣原打算同行，因临时有事而未同往。

1917年3月15日的集会，虽未正式成立联合会，但已决定成立并采取共同行动。时隔半年，9月15日再次召开会议，出席11人，代表15家纱厂，其中有3家系初次推代表与会，宝丰纱厂由刘柏森为代表，大生纱厂由吴寄尘为代表。裕中纱厂由丁伯渊为代表。穆杼斋、穆藕初、祝兰舫、荣宗敬、薛文泰因故未出席。会上，刘柏森提出"本会（即临时组织）已设立多时，毫无成绩可言，此会应否存在或取消，请公决"。接着有人指出："纱厂关系国内棉纺业甚大，不可无一团体，急应维持成立，共同商议进行办法。"与会者一致赞成，于是讨论有关会务的具体问题，决议：(一)会员厂按纱锭数交纳常年会费，一万锭以上者年纳规元 50 两，二万锭以上者年纳规元 100 两，余类推。(二)联合会设事务所，聘用书记一人、庶务兼调查一人、工役一人。(三)事务所暂设在宝兴长号内。同时议定联合会的当前任务是继续具呈当局，要求花纱免征厘金税，并决定将上项决议纪录，用书面分送未到会诸厂，征求意见。对于以上决议，大多数代表都亲笔签名赞成，会后即将会议记录书面通知出席和未出席各厂。

通知发出后，不少厂复信表示赞成，也有些厂对成立联合会提出建设性意见。如穆藕初代表德大、厚生两厂复信，建议将设会理由及组织、选举各问题，通告全国同业，再行商议积极进行之方法。临时组织采纳了穆藕初的意见，重新草拟《华商纱厂联合会缘起》和《华商纱厂联合会简章》，于 10 月 20 日备函寄给穆杼斋、穆藕初、张謇、张謇、聂云台、杨翰西、祝兰舫、吴寄尘、荣宗敬、戴笙甫、张秋园等人，请他们修改，并请于 10 月 27 日到会讨论筹建事宜。

《华商纱厂联合会缘起》和《华商纱厂联合会简章》发出后，11 月 17 日，再次召开各厂代表会议，预定议程拟通过会章和选举负责人，但只到了 9 家厂的代表，聂云台、穆杼斋、穆藕初、祝兰舫、荣宗敬等都未出席，因此议程无法进行。最后决定：(一)再将章程草案寄给各厂，请于 12 月 1 日以前答复，如逾期不复，则作为默认通过。(二)12 月 1 日召开大会，通过章程，准举议董，如到时代表仍不超过半数，则将选票寄去，请投函选举。(三)选举完成后，报当局立案。

经过多次酝酿，商定的会议在 12 月 1 日如期召开，15 家纱厂的代表出席。会上，祝兰舫力辞临时议长。聂云台提议取消联合会形式，另设一俱乐部，为各厂互通情谊之所。刘柏森认为将来与当局交涉，不能用俱乐部名义，联合会成立与否，应当机立断，不可犹疑。张秋园、洪明度赞成此说。这时书记员报告说；现时全国纱厂中有的声明暂不入会，有的根本不赞成，还有 8 家尚未开业，把这些厂除去，应有 22 家到会，实际到会的已有 15 家，超过半数。刘柏森当即请到会代表亲自签名，表示赞成或不赞成，结果是全体赞成入会。会议至此，才进入预定议程。对章程草案，经过讨论，只提出了定名和会费的修改意见，其余各条一致通过. 选举结果：聂云台、刘柏森、薛文泰、吴寄尘、穆藕初 5 人当选为议董，这次大会，达成共识，华商纱厂联合会成立进入倒计时。

议董会成立以后，12 月 4 日举行第一决议董会，出席议董 4 人。聂云台转达穆藕初的意见：一是本人不愿任议董，二是会长必推张謇先生，三是会所必须迁移。聂云台认为现在联合会成立，只是一个雏形，待明年 1 月，再开选举大会。当天会议，公推聂云台为总董。至此，华商纱厂联合会虽已成立，但还没有开展活动。

1918 年 2 月 12 日，上海纱厂部分代表在一品香西菜馆公宴北京政府工商部李、俞两位佥事，到场者有聂云台、徐静仁、吴寄尘、杨翰西、薛文泰、刘柏森、荣宗敬等代表 10 人。宴会结束后，接着公议会务，作出决议 5 项：（一）定期阴历二月二日召集选举会；（二）举张謇先生为名誉会长；（三）会址迁至申报馆二楼；（四）推聂云台先生为总董；（五）创办《纱业杂志》月刊。

1918 年农历二月初二即 3 月 14 日，借一品香西菜馆举行华商纱厂联合会选举会议，到会代表 12 人，代表 13 家纱厂。聂云台首先提出本人才力薄弱，难负总董责任。经过到会代表再三劝驾，聂才应允担任。选举结果：张謇选为正会长，聂云台为副会长，薛文泰、吴寄尘、刘柏森、杨翰西、徐静仁为董事。

至此，经过整整一年的酝酿，华商纱厂联合会终于正式成立。这一行业性组织，在后来几十年民族棉纺工业的发展成长中，起到了积极的作用。华商纱厂联合会几经改组，后来发展成为上海市棉纺工业同业公会，上海解放后，该公会成为上海市工商业联合会的会员。

（文 / 王昌范）

严氏像谱

著名实业家严信厚先生画辑的《严氏像谱》现存上海图书馆，这份像谱专门记载了诰制、碑拓及作者严信厚祖父母、父母的画像，所绘人物衣着雍容华贵、仪态温文大方、色彩鲜艳夺目、线条简劲流畅，画像简直就像是非常清楚的彩色照片。因为多数家谱以文字记录为主，故以图像为主、文字为辅的家谱，即像谱，就比较罕见。该谱保存完好，根本看不出已历经一个多世纪的风雨沧桑，确为像谱中的佳作，为上海图书馆馆藏珍品。《严氏像谱》原是册页，惜后来破损成了散页，前后次序有些乱，亦有缺页，未能见到全貌。

《严氏像谱》着手编制的时间是在1900年，完成于1902年。严信厚在其子严义彬（子均）协助下，仿照明代工部尚书李从心之例，将严家三代覃恩诰命和其父严恒的小传集二王（晋代王羲之和王献之）字而成。这一

严信厚的父亲严恒像

严信厚的母亲费氏像

点严信厚在《严氏像谱》序中提及："光绪二十六年（1900）岁在庚子秋八月，不肖男信厚集晋右将军王羲之书，孙义彬润色。唐太宗圣教序为集王字滥觞。宋元后集帖甚伙。至明李从心酷耆羲所书，累官尚书，其三代告身，集二王字勒成四卷，无美不臻，而字较他帖尤多，洵钜制也。石在直隶大名府南乐县李氏家庙中。予家三代覃恩诰命暨先大夫墓志铭小传谨仿其例，亦集二王字附刻集诗集联之后合成四册。珠贯丝连，仍挟虎卧龙跳之势，当与李刻并垂不朽云。光绪二十八年（1902）壬寅中秋慈溪严信厚谨识。"

从《严氏像谱》所载光绪十五年六月初十日（1889 年 7 月 7 日）奉天诰命可知严信厚的曾祖父是严志安，晋赠荣禄大夫。诰命又称诰书，是皇帝封赠官员的专用文书。全文为："奉天承运　皇帝制曰　嘉谟垂奕叶，允昭世德之求。殊宠锡公朝，益展曾孙之孝。祇承新渥，用报曩徽。尔严志安，乃二品顶戴遇缺即选道加四级、严信厚之曾祖父。敦修无斁，垂教有方。种德开先，堂构益恢于来绪。诒谋裕后，箕裘克绍于前休。懿矩攸彰，恩施遂逮。兹以覃恩，赠尔为荣禄大夫。锡之诰命。于戏！四世其昌，久聚德星之庆。九原可作，永成褒命之荣。国典荐膺，家风益振。"另从给其曾祖母的诰赠可知严信厚的二位曾祖母分别姓胡和张。

《严氏像谱》中有严信厚祖父母和父母的画像，画像旁有严信厚亲笔书写的说明，另载有给其祖父、二位祖母和父母的奉天诰命共 5 份。阅画像旁的说明，可了解到严信厚的祖父是严孝瀓，飞云公，诰赠资政大夫，晋赠荣禄大夫。生于 1770 年，卒于 1828 年。祖母张太夫人（1770—1794）和顾太夫人（1778—1862），均为诰赠一品夫人。其祖父母去世后均葬在樟树下苏黄梓河斗。严信厚的父亲严恒，笠舫公，诰赠资政大夫，晋赠荣禄大夫。奉旨建坊。钦旌乐善好施。生于 1801 年，卒于 1860 年。著有《听月楼诗钞》《七巧字谱》。母亲费太夫人生于 1798 年，卒于 1863 年，诰赠一品夫人。其父母去世后葬在陆家庄。

《严氏像谱》收录了严信厚亲笔撰写的"诰授荣禄大夫严先生小传"，

全文为："先大夫书宗襄阳，画法颐公。遗迹流传绝少。所著《听月楼诗钞》采入《两浙辅轩录》及钟雨辰学士《养自然斋诗话》。中晚年以七巧木摒字，能兼行草，择其形神逼肖者集成联语诗文，得五百四十二字。已镂板行世。信厚近刻《小长芦馆集帖》，搜罗名人墨迹。欲求先大夫书画，杳不可得。一日外甥费缦云携手札来，次甥冕卿携六角扇来，视之，则先大夫墨迹在焉，不觉惊喜泪下。犹忆咸丰乙卯（1855年），信厚甫十八。伯姊将适费氏，先大夫手制此扇绘芦雁并书陆次云登岱诗置妆奁中。其手札乃致缦云甥之祖丹忱太亲翁书也。忽忽四十余年，兵燹之余，存此吉光片羽，岂非厚幸。因附刻先大夫小传之后，以示世世子孙永以为宝云尔。光绪壬寅（1902年）秋八月严信厚谨记于沪江小书画舫，时年六十有五。"

《严氏像谱》有助于我们更好地了解严信厚家族，确实颇有史料和参考价值。

（文/谢振声）

朱葆三与《百步订交图》

上海博物馆藏有一幅王一亭所绘的《百步订交图》，这是目前为止所能见到的唯一一幅关于朱葆三的人物国画。

在这幅画中，只见松竹掩映，老藤攀树，曲曲折折的石阶给人以步步登高的视觉感受。在画面中心位置，是一位站在松树下拄杖而立的老者，此人就是名闻中外的工商巨子朱葆三先生。画中的朱葆三形象饱满，精神矍铄，右手执杖，穿着一身宽大的衣袍，面容微笑地注视着前方。

百步订交图

除了画面本身之外，《百步订交图》上还有三处文字内容。画名“百步订交图”为篆书，落款为“戊辰冬月，叔孺赵时棡题”。此外，尚有题跋二篇，其一为画的左上方王一亭题跋：“莫干山路磴有百步，松竹订交，扶筇小住。葆三先生曾游莫干山百步岭，见夫松竹成林，骋怀默契，一枝柳栗，驻足订交，爰以《百步订交图》补景于其玉照为志胜。乙丑夏仲，白龙山人王震并题。”王震即王一亭。其二是在画的顶端由魏廷荣撰、陈芷町书的题跋：“吴越名山，消夏宜人，莫干山称第一，中外士夫岁岁争趋之。丁巳夏，先外舅朱诚惠公乘兴入山，僦居停云小筑。蹑屐拄筇，排日出游，荣辄率诸儿随焉。山中有百步岭者，石磴盘云，松竹蔽日，公尤赏其幽胜，出必徘徊其间，自谓神交天籁，澈悟天人，不仅如置身羲皇，直毋殊羽化而登仙也。公尝命荣为映松下立象一帧，籍识胜游鸿爪。比乙丑秋，荣乃举象乞一亭画伯摹写为图，蕲以弥公寤寐之思，而传隽逸之致。今公西升已三年，追怀栽植，展图神往。爰补纪本末，以寄萦慕，兼垂儿孙永思崇德云尔。停云主人魏廷荣敬纪，江西陈芷町书。”诚惠是朱葆三的私谥。另外，魏廷荣祖籍宁波府属慈溪县，在宁波、上海两地方言中“停云”和“廷荣”均系同一发音，其号曰停云主人，应该是取的谐音。

上海总商会协理王一亭

以上这些文字涉及多个时间点，戊辰年是1928年、乙丑年是1925年、丁巳年是1917年、朱葆三西升已三年系己巳年即1929年。这为我们串联起这幅《百步订交图》的时间脉络，借此可知朱葆三先生游览避暑胜地莫干山是1917年的夏天。那一年朱葆三正值70虚岁，迈入了古稀之年，各项事业正处在高峰期，担任着上海总商会会长、宁波旅沪同乡会会长等重要职务；王一亭绘画是在1925年的仲夏即农历五月，那时朱葆三尚在世；赵叔孺题名是1928年冬，也就是朱葆三诞辰80周年；魏廷荣撰、陈芷町书的题跋则是在1929年，其时离朱葆三1926年逝世已有数个年头了。

这幅画除了出自名家之手，有着比较重要的艺术价值外，还有一定的史料价值，对于全面研究朱葆三先生不无裨益。以往学术界对于宁波帮重要人物朱葆三的研究，多偏向于其在经济、社会慈善事业方面的作为，《百步订交图》则向人们展示了日常生活中的朱葆三这一十分难得的角度。朱葆三的莫干山之旅达到了放松身心、回归自然的目的。他游兴颇浓，连日游览而丝毫不倦，见幽径两旁的松竹更是喜不胜收，甚至欲与松竹订交。

松竹多为高洁、虚心、坚韧、不屈的代表，朱葆三爱慕松竹的风格，亦可见他自己的价值追求。纵观朱葆三的一生，他于14岁孤身闯荡上海，从默默无闻的学徒做起，白天忙于店内繁杂工作，晚上勤于学习珠算、簿记、尺牍、英语，依靠自己的不懈努力，牢牢抓住时代机遇，终于在五金行业取得重大成功，后来成长为上海滩显赫一时的风云人物，依靠的正是如松竹那般坚毅不拔的个性。

魏廷荣与朱葆三两人往来的文献记载很少，魏在题跋中称“丁巳夏，先外舅朱诚惠公乘兴入山，僦居停云小筑。躧屐拄筇，排日出游，荣辄率诸儿随焉”，透露出魏廷荣在莫干山有一处“停云小筑”，朱葆三在山上度假期间就住在这座别墅内。女婿、外孙陪同出游，其乐融融，关系甚为亲密。从“公尝命荣为映松下立象一帧，籍识胜游鸿爪。比乙丑秋，荣乃举象乞一亭画伯摹写为图”可知，魏廷荣曾应朱葆三的要求，为他拍摄过一张站立在松树下的照片，作为莫干山旅游的留念。八年之后，魏廷荣请王一亭按照那张照片来绘制一幅图画，此画就是《百步订交图》。魏廷荣与朱葆三相差42岁，是否受过宁波帮前辈兼丈人朱葆三的提携，答案是肯定的。“今公西升已三季，追怀栽植，展图神往。爰补纪本末，以寄萦慕，兼垂儿孙永思崇德云尔”，揭示魏廷荣感念朱葆三对他的栽培，以及告诫子孙切不可忘记朱氏的恩德，翁婿之情不可谓不深矣。

除了魏廷荣是朱葆三女婿这一特殊身份之外，为《百步订交图》绘图、题跋和题名者，也都是当时享誉上海滩的知名人物。如王一亭是擅长佛教人物画的著名画家，此外他还是沪上商界名人，与朱葆三在工商实业、公益慈善方面有着广泛合作，如一起投资创办华安合群保寿公司，发起建立广益善堂、中国救济妇孺总会、佛教慈悲义赈会、中华慈善团全国联合会，共同担任上海城厢内外救火联合会会长、中华银行董事，为上海的光复作出过贡献，可以说两人交情非同一般。陈芷町担任过蒋介石的书记官，被誉为“江西才子”“民国才子”，因画竹被张大千称为“元代以来第一人”。朱葆三既然爱慕松竹，那么由画竹高手陈芷町来书写跋文，就为这幅画作增添了深意。赵叔孺是侨居上海的著名书画家，其与朱葆三是宁波同乡，由同乡中人来题名又多了一重特殊含义。这些都可以看出魏廷荣对这幅《百步订交图》特别用心，寄托着他对丈人朱葆三的深切怀念。

不过，在《百步订交图》题跋中有一处疑点，王一亭自称绘画和题跋是在 1925 年的“夏仲”，魏廷荣撰、陈芷町书的题跋认为是在那年的秋天请王一亭绘画。鉴于王一亭是该画的作者，随手画完，随手题跋，不可能将时间写错，而魏廷荣是在该画完成四年之后追记事情本末，存在记忆出错的可能性。因此，王一亭题跋中所写的时间更为可信。

（文 / 应芳舟）

抹云楼与秦润卿

秦润卿本为商人，文化程度也不高，却好读书，甚至藏书读书成为他人生的最大爱好。除与其业务有关的《钱业月报》《银行周报》等经济类报刊常年订阅外，其他如新闻、文学类杂志与书籍也多在其浏览阅读之列。据与他交往甚密的宁波慈湖中学校长胡绳系透露，秦润卿的书架“新出的书报杂志多得很，连茅盾的《霜叶红似二月花》也有”。对此，1946年7月采访秦润卿的《慈溪报》记者翁亭惊异不止：“润卿先生的好学，我原是知道的，但茅盾的这本新著会在七十老翁的书桌上发现却令我惊异不止……一个伟大人物原是无书不读、无坚不攻的。”

1931年，母亲颜氏过世，为纪念母亲，秦润卿在慈城旧宅建起二层花园洋房，悬颜氏像于中堂，同时把起居室以外的房屋作为藏书之用，陆续购置中外书籍，名曰抹云楼。

老抹云楼

1934年，考虑到家乡慈溪图书馆缺乏，文化设施落后，秦润卿决定把抹云楼洋房以及藏书、器具、花园，全部赠予公家，并捐助天一保险公司股份五千元，以每年所得股息作为经常费用，聘请地方绅士5人，旅沪绅商3人，和家属3人合组管理委员会，身后主权归公。

其间，秦润卿即致力于收集古今中外各种书籍。1934年冬，宁波墨海书楼所藏冯氏醉经阁图书，由于“其子孙不振”，将藏书在上海变卖，其中不少为善本古籍，有的还是海内孤本。秦润卿恐其流失，即高价购回藏于抹云楼。

1936年，时值秦润卿六十大寿，亲朋好友准备设宴庆贺，并为他准备了丰厚的礼品。对此，一贯主张节俭的秦润卿表示“坚不可”。考虑再三，知其有建图书馆的心愿，众人遂“爰醵巨金”，于慈湖中学新址“购建书库，仍以抹云名楼，俾君藏书于此，供众浏览”。并议定由陈谦夫“董其役”。正当此事积极筹备之际，1937年抗战全面爆发，建馆材料散失无存，“工事因而中辍”。

1945年抗战胜利后，原拟建的抹云楼图书馆由于“物力维艰，殊难再举”。但秦润卿为家乡创办图书馆的决心并没有改变。于是，他将自己于慈城学宫前原打算用于年老息影之所的西式楼房三间连同地基及花园亭榭，“捐献作公，即以抹云楼图书馆名之”。同年，经简单布置，抹云楼图书馆即正式向公众开放。该馆分为古籍、现代两部分，附设报刊阅览室、儿童阅览室。对于如何管理图书馆及丰富藏书，当年秦润卿也有详细的计划：“至于书籍，除庋藏以往收藏之古籍善本之外，现正陆续添置，此室中满架新书皆属之。商务印书馆、中华书局所出新书，亦在订购，其他各种丛书亦将逐步采购，以资充实。”至于“产权捐献手续，业已办妥”。其目的是“免我身后，再有纠葛”。对于馆内的图书，秦润卿这样规定：“除善本外，群众可以出借，唯我子孙，则仅能在馆内阅读，不准借出。”为什么会有这样奇怪的规定呢？他解释说：“盖彼等或有不察，认为馆中图书，系我私产，借出之后，索还不易，要知道一经捐献，即为公物，而非我秦某所私有。”为了防止万一，他还“写好手谕一纸，嘱管理人员制一玻框而悬之馆内，俾我子孙一望而知，庶可免管理人员之为难。”为了能维持图书馆的正常运转，秦润卿聘请了两名管理人员，并承诺图书馆的日常维护费用及管理人员的工资均由其支付。老人的用心可谓良苦，其考虑更是周到，其奉献社会、服务桑梓的赤子情怀真是可敬可佩！

1952年，秦润卿将抹云楼图书馆全部藏书及其所属财产捐献给浙江省人民政府：计二层花园洋房一宅以及全部财产股票现金等，图书方面计线装古籍32996册，现代书籍3335册，各种杂志3324册，碑帖字画2571件。当移交完毕之后，秦润卿致函当时在浙江省文管会任职的好友陈训慈说：“润卿积年心愿偿于一旦，快感奚似，缅怀委员诸公列年备护之谊……”

20世纪90年代，台湾著名慈城籍实业家应昌期捐资兴办中城小学，扩建慈湖中学，因建设需要拆除旧抹云楼房屋。为纪念慈城人民的这座精神丰碑，应昌期决定将“慈湖中学图书馆命名为抹云楼，以示崇念秦公之意”。不久，应昌期向复旦大学捐资建造化学楼，也以“抹云楼”命名。

（文/孙善根）

普迪小学与秦润卿

秦润卿先生（1877—1966），名祖泽，号抹云老人，慈溪县城（今宁波江北区慈城镇）人。在中国近代金融界，秦润卿先生是一位功勋卓著、蜚声中外的杰出人物。

秦先生家境贫寒，自感幼年失学之苦，素有育材崇教之志，对办教育事业特别热心。他一生奉行的信条，就是“取之于社会，用之于社会”，是一位有着强烈社会责任感的近代企业家，与吴锦堂并称为“慈溪办学双贤”。早在1915年，他就与乡友李寿山、王荣卿等人一起集资，在家乡慈城镇西营旧地购地一处，兴建“普迪学校”（意为普及文化，启迪民智），聘请鄞县名士谢缄三为校长。初时即有学生数百人。数年后因学生人数

2002年普迪亭落成典礼

激增，校舍不敷，又在慈城原考棚旧址另建“普迪二校”，两校学生共有2000多人。秦先生手订“勤、俭、公、忠”四字为校训，勉励学生克勤克俭，为造福社会，服务民生而奋发学习。

普迪小学是当时浙东著名的小学之一，不少知名人士曾来该校执掌教鞭。如“左联五烈士”之一的著名作家柔石（原名赵平复），在浙江省立第一师范学校毕业后，1924年到普迪小学任教。在校内，柔石与师生相处融洽，畅谈时事新闻，辩论思想是非。他在校曾参加进步教师钱助湘、干书稼（青年团员）发起组织的读书会，提倡民主，反对列强。还与同事组织学生作郊游远足、采摘杨梅等活动，使孩子们领略家乡的秀丽风光，增长爱国爱乡的情愫，通过参加活动和直接接触农民、樵夫等，使学生体验到人民群众的劳苦生活，从而逐渐培养他们勤劳勇敢的品德，加深对劳动人民的感情。柔石在普迪小学时，热心向学生传授知识，为了教育培养孩子们，曾翻译过《很有本领的猎人》《玫瑰花》《烧茶女》《红帽儿》等10篇童话，创作了《真儿有四样了》《许多野兽很淘气》《明儿寻母记》《聪明的瞎子》等4篇儿童故事。业余他积极从事文学创作，先后著有《船中》《疯人》《前途》等小说和长诗《他和髑髅》，并开始用“柔石”笔名创作小说《生日》。1925年，他自己设计校对，自费出版了第一部短篇小说集《疯人》，并以在普迪执教的经历等为原型写下了不朽的名作《二月》。比柔石早2年，我国著名文艺理论家、作家巴人（即曾任我国驻印尼大使、人民文学出版社社长的王任叔）在宁波省立第四师范学校毕业后，1922年来普迪小学执教，他在校不唯认真教学，还积极参与社会改革运动，加入了中国社会主义青年团。

由于秦先生慷慨解囊，鼎力相助，普迪小学经费充足，教师物质待遇从丰，唯求他们热心教学。学校对一些贫困学生不仅免收学费，还赠送书籍和纸张文具。故老师教、学生学两方面的积极性都比较高，教学质量曾被评为浙江省私立小学之前茅，在社会上赢得了相当高的声誉。普迪学校为国家培养出不少有用人才，毕业生中有被誉为“一代善人”的新加坡巨商胡嘉烈；有经济学家罗精奋、妇产科专家钱止维、煤炭工业部李世雄高级会计师、国家知识产权局秦开宗研究员等专家、学者；有化工部原副部长冯伯华、中国建筑工程总公司原副董事长冯舜华、中共上海黄浦区委原书记陆文才等领导干部。毕业生中尔后成为高级工程师的有应昌华、何安甫、王鸿鸣和鲍洪法等，成为高级经济师的有冯心言、凌晋良和陆卫等。

普迪小学已有近百年的历史，是一所在文化教育方面具有优良传统和显著业绩的小学。1991 年，台湾著名实业家应昌期先生在所撰《古城宁波慈城镇是我可爱的故乡》一文中，仍然对普迪学校赞不绝口："更令人称颂的是，凡进入普迪小学读书，都可以完全免费，课本、练习本、笔墨，全可都不要钱，这普迪小学便是专门给穷人孩子读书的，而有钱人家的子弟还进不了这所学校的大门哩！学生毕业后，成绩优良的，还给介绍工作。这在当时国内可是一件罕见的培育贫民子弟翻身的事呢！穷人的孩子能不高兴吗？"

（文 / 谢振声）

《徐愚斋自叙年谱》的“一札一记”

“愚斋”是徐润的别号，《徐愚斋自叙年谱》是徐润以及后人自叙其生到卒的经历与见闻，由徐氏后人自费刊印于1927年。此版采用古籍常用之竖排右读，无标点，从封面到年谱正文结束，不包括所附《上海杂记》，计271页，约11万字。

明清以来，特别是清代乾嘉以后，氏族谱系大量涌现。一是经济的发展，各行各姓都以认祖归宗作为炫耀门楣、抬高自身地位的手段；二是封建制度发展到这一阶段，世家大族乃至殷实百姓都有了一定的经济实力作为资本。于是家族谱系追根溯源往往是谁在历史上名声大、名誉好就推谁做自己氏族的列祖列宗，是否真的有血缘关系倒在其次。

打开《徐愚斋自叙年谱》，第一句话就是：“昔黄帝十四子其一为徐氏。左定公四年，传称殷民六族，徐氏居其次。史称皋陶生伯益，伯益佐禹有功，封其子若木于徐，今泗州临淮有徐城，即若木封地。”姓氏远溯中国远古神话传说时代，今江苏省泗洪县临淮乡一带曾是徐的重要活动区域，大多徐姓族谱就认定这地段为他们的发源地。

《徐愚斋自叙年谱》中除了编修这些俗套的惯例，还有一点值得一提。年谱的撰写是其自己动笔为主的，除此之外还有几个帮闲文人一起帮助完成。徐润在晚年靠回忆与口述完成年谱，从书稿中明显可以看出其青壮之年所作所为，反而显得事迹平平。而花甲之后，有的有笔记做佐证，有的有札（旧时的一种公文）照录，有的因事件重大，给谱主记忆很深，记录得特别翔实，比如：《徐愚斋自叙年谱》中“光绪三十年甲辰六十七岁”，即1904年他67岁这一年份的一札一记，颇为详细而珍贵。“一札”就是清政府委任徐润为上海商务总会协理的公文，“一记”就是这一年罗列了他所任的职务。

> “春间，奉商部札委上海商务总会协理，又董理商学会、立宪会各事，兼充尚贤堂青年会育才书院、广肇学堂董事。”

除了他被委任为上海商务总会协理以外，他是商学会、立宪会的董事，兼任尚贤堂青年会育才书院和广肇学堂的董事。他自己有企业、有房地产业……，这些都是社会职务，谱主觉得值得记录。

而《徐愚斋自叙年谱》照录了《商部札文》，清政府商部发出时间是光绪三十年三月二十日，即1904年5月5日，徐润收到时间是四月初四日，即5月18日。中间相距13天，可见当时从北京至上海递送一份公文所需的时间，约2个星期。这个时间对于研究上海商务总会第一任的总理、协理、议董的时间非常重要，因为在这一届同时任职的有：总理严信厚、另一位协理周金箴，他们任职时间的原始材料也没见过，只是在上海市工商联档案史料室留存的手抄资料上留存。从徐润的任职时间可以触类旁通，可以确定，清政府是同一时间向严信厚、徐润、周金箴发出“札文”的。核对已经编就的《上海总商会从书》和《上海工商社团志》，与笔者当时所记录的时间大致吻合，一颗忐忑不安的心情终于放下。

照录的清政府商部札文，行文非常简洁，文起写了任命的依据，根据商部奏定的《商会简明章程》第四款“商务总会，应派协理一员”，经商部研究，认为上海是商务繁盛之地，非熟悉商务，“素孚众望者”才能担任这一职务，徐润是浙江候补道，在商界具有声望，合适出任这个职务，所以委任之。徐润收到商部的札文，很当回事，把它记录在年谱里，说明他对于上海商务总会这一职务的重视。

《徐愚斋自叙年谱》另外也详细记录他年届古稀之年再次入主轮船招商局之事。由于年谱总体上可以看出徐润的身家几何，所以他的人生抉择和心理期许乃至人生际遇中的心理承受能力，都可以找到理论的依据。可以说，徐润年谱是中国近代经济史上一份不可多得的珍贵史料，它使中国历史在宏观叙述的故事中，增添了商业活动、商人活动的发光细节。同时也为学者研究早期商会打开了一扇窗户，尤其是年谱中“一札一记”，为以往编辑上海总商会书籍的编作者扫除了一个盲点，也给读者明确了阅读商会历史一个时间点。

（文/文　舟）

曾铸后人书《哀启》

在上海市工商业联合会所保管的档案史料里有一份有关曾铸的《哀启》,《哀启》似乎与现行的悼词，或者是生平事迹相似。这份宝贵而珍稀的历史文献是专家学者研究曾铸这个历史人物不可多得的材料。这份《哀启》写于1908年，已经有112年历史了，但由于保管妥当，基本没有受损，完好无恙。《哀启》呈折子状，除封面、封底外，正文有6页，每页9行，每行约33字，全文共1764字。折子长22.8 cm，宽8.8 cm。20世纪五六十年代，以上海市工商业联合会文史资料委员会名义向工商界征集早期商会和商会人物资料时，有一位叫作翁衡卿的先生向市工商联提供了这份珍贵的《哀启》原件，所记录的时间是1960年12月12日。

曾铸的生平事迹在上海市第一轮新修地方志时，在市工商联承编的《上海工商社团志》人物篇里已经介绍过。

> 曾铸（1849—1908），号少卿，福建同安人。少年时来上海，后因经营海味业而致富。1901年贩运南洋大米进入上海，获厚利。任南市马路工程局总董。曾铸认为：“鸦片不除，中国无以生存”，因此于

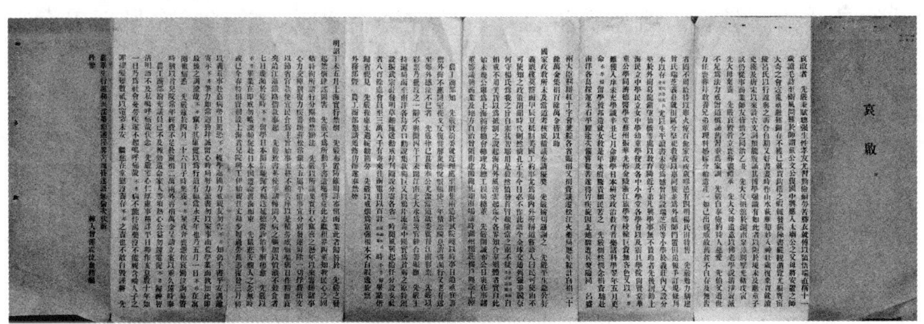

以曾泽霖署名写的《哀启》

1904年创设振武宗社，发明草药劝导吸毒者自禁鸦片。1905年，美国限制华工入境并虐待华工，激起上海、广州、长沙、苏州等地反美爱国运动。曾铸在沪提倡抵制美货，及收回苏、浙铁路权利，由此形成全国爱国热潮。同年，任上海商务总会总理。1907年，他投资镇江造纸厂和江西瓷业公司，发起组织上海商团总会，提倡振兴商业和地方保安。又捐资创办上海贫儿院，在各地水灾时主持沪局负责赈抚，有遗稿《山钟集》。

《上海工商社团志》所记曾铸这个人物言简意赅，且将人物生平的主要功绩记录下来，比如：领导反美爱国运动、组织上海商团、提倡振兴商业和地方保安，临终前捐资创办上海贫儿院……，这些事迹实际上都是出自《哀启》。

《哀启》文末落款，写着“棘人曾泽霖泣血稽颡”。棘人是后人居父母丧时的自称，曾泽霖是曾铸的儿子，泣血是无声痛哭，泪如血涌，另一种解释是泪尽血出，形容极度悲伤。稽颡，是古代一种跪拜礼，屈膝下拜，以额触地，表示极度的虔诚。

出面写《哀启》的曾泽霖（1879—1929）是曾铸的儿子，又名志忞，字泽霖，又字泽民。1901年在他22岁那年赴日留学，进入日本著名的私立大学早稻田大学。《哀启》写道：“辛丑七月命游学日本研究政治教育音乐诸学科。”辛丑是1901年，命，应该是父亲曾铸让儿子去日本留学的，学的是政治、教育、音乐等科目。有研究资料显示，曾泽霖在早稻田大学毕业并获得政学士学位，这与他后来赴北京从事法律工作是有联系的。但在日本的那几年间，他最下功夫学习的其实是音乐，并有了一系列后来被学界公认为“中国近代音乐之第一”的著述，梁启超因此而在《饮冰室诗话》中赞其为中国人从事新音乐活动的“先登第一人”。正因为喜爱音乐，曾泽霖一手创办的上海贫儿院管弦乐队，在“曾铸逝世一周年纪念日”和“曾铸病逝二周年恳亲暨纪念会”上公开亮相，演出节目，以独特的形式纪念曾铸，也展示曾铸捐巨资创办上海贫儿院的成果。

在《哀启》里有“不孝”“不孝妇”的字眼，不孝，谦称自己是不孝之子，不孝妇，谦称是不孝之子的配偶。曾铸的儿媳，曾泽霖夫人曹汝锦也是同时赴日留学的，《哀启》写“留学彼邦造就女教”，也有研究资料说：他的夫人曹汝锦学的是美术，毕业于东京美术学院。由于曾泽霖的兴趣点在音乐，曹汝锦专门学习过小提琴演奏，据考，她是我国第一个学习小提琴的留日学生。

在《哀启》里，意外发现曾铸在吕海寰、盛宣怀创办中国红十字会时捐资捐物：“两大臣创办红十字会兼综合各省赈捐由捐资……，历年综计自捐二十余万金，集捐百余万金借以助。”创办中国红十字会是1904年的事，上海商务总会的会董，如浙江籍的沈敦和、朱葆三出力捐资的不少，此时曾铸也是上海商务总会会董，积极响应，与他们一起捐资，且数额颇大。除了捐资于红十字会外，曾铸为闽籍会董苏本炎创办上海民立中学、民立女中幼童学校捐资，为马相伯创办震旦学院捐资，为李佳白所办的尚贤堂捐资，为上海工部局华童公学捐资，为培养医务人员的同济德医学堂捐资。

在《哀启》里，概括了曾铸人物的性格特征“急公好义”，用现在流行的话来说，他是敢于担当，勇于担当，从曾铸领导反美爱国运动这件载入史册的事件分析，他的“急公好义”的性格特征表现得最为淋漓尽致。

（文 / 王昌范）

《申报》变迁与申报馆

《申报》自1872年4月在上海“望平街”创刊，到1893年《新闻报》创刊期间，足足20个年头横空独霸上海滩，成为一家独大的新闻报纸，家喻户晓，而且，影响深远，140多年过去，还能听到“拿张申报纸来”的余威声音绕耳。

1889年，创刊者英国人安纳斯脱．美查因进入老年，便收回本利，航海回国安度晚年。他将在沪经营的所有事业改组为“美查有限公司”，由华洋4人合股。到1910年2月，申报馆资产以7.5万两总价全部售予馆内华人会计席子佩。席子佩（裕福），祖籍江苏吴县，后迁居青浦，是上海商务总会议董，在上海商务总会议董信息里，他的籍贯填写为江苏青浦。《申报》起先是席子眉、席子佩一起经营的，也就是说，《申报》主权开始归国人自主。可是，其兄席子眉病逝后，由席子佩经营。席子佩起先与上海道蔡乃煌合资，使一张“民间报”成为“官商报”。1910年10月，蔡乃煌被清廷革职，《申报》成为席子佩独资报。民国肇始，因没了头上皇帝，民众思想得到前所未有的解放。鱼龙混杂、泥沙俱下，社会动荡不安。各种党派政治主张纷争激烈，各党各派报纸应运而生、蓬勃兴起。《申报》被改朝换代的大潮冲击得无法招架，一落千丈。于是，在1912年10月以12万两银出售给了史量才，自己成了新馆主的留聘经理。

在盘进申报馆之前，史量才因办上海女子蚕桑学校，成绩突出，于1906年获“江苏学政”颁发的“匾额”；1907年，在保路运动中表现出精明强干的能力，很得清末状元张謇赏识。在1909年，就委任他为松江盐局长。当初盘进款的12万两，是史量才借助张謇、赵凤昌、应季中社会大名人出资之力。到了1915年,《申报》业务腾飞，有了资金积累。加上张、赵、应等人均无意继续《申报》经营而脱离，史量才决定归还他们作为期票所资助的钱款，于2月17日，登报声明所有期票均已收回，从此，申报馆就是史量才独资产业。

史量才怀抱“新闻救国”、“报纸要办成史记”的雄心大志办报，一接办，就显得虎虎有生气。他留聘了老申报全班人马，高薪选聘了得力的经理张竹平、总编陈景韩为两大台柱。《申报》在他殚精竭虑的经营下业务大见起色，很快就呈现蒸蒸日上、欣欣向荣气象。没料到，被辞退的席子佩见状，内心不平衡、十分嫉妒恨。于是，在1915年，向法院控告，称自己当初没收《申报》招牌款，要起诉史量才补偿损失。原告方以迅雷不及掩耳之势接连向被告发去两次传票，史量才认为无理取闹，未予理睬。法院竟然以“拒传不到”为由，拘捕了他。由于混乱的民国，司法尚不清明，与《申报》激烈竞争的劲敌《新闻报》幸灾乐祸，从中作梗，渔翁得利，终使官司败诉，被判赔24.5万两银。合同上本没另写明，为何此时要赔偿？席子佩为把史量才赶出望平街，硬是要原馆屋抵充钱款。史量才对这不公的判决非常不服，于是，聘请英籍独臂名律师麦克劳。麦克劳指斥此案“一开始就怀着不良好、不规矩的狡诈心意，诱导被告人不自觉中堕入陷阱”。在麦的雄辩下，终于追回4万两，但还是损失20.5万两银。

申报馆址被迫搬到后马路——天津路后，申报官司，在社会上已家喻户晓，许多有正义感的人，都为之打抱不平。其中，有位公平洋行的卢少棠，对史量才深表同情。为了助史量才雪耻，表示要以最快速度、最优惠价格，帮助史量才把申报馆新大楼建造起来。1918年10月10日，世界一流的申报馆大厦举行了极其隆重、精彩，扬眉吐气的落成典礼。三马路口（今汉口路）、望平街（今山东中路）上高高耸立着这栋气势非凡的玉宇琼楼，令世人赞不绝口。自此，中国有了与世界第一大报《泰晤士报》并驾齐驱的报纸和报馆大楼，国人无不感到光荣、自豪！

这栋大楼历经风雨沧桑，已是年逾百岁的老寿星了。1949 年上海解放，老《申报》终刊，被《解放日报》馆使用，成为一代历史的见证。

（文 / 庞荣棣）

民立中学与苏氏家族

民立中学作为沪上著名的百年老校，静安区重点中学，区实验性示范性高中，是上海市中心一所具有良好社会声誉的公办完全中学。100多年前，上海商务总会议董苏筠尚以及苏氏兄弟捐资创办了这所中学。

上海商务总会议董苏筠尚

1903年冬，上海商务总会议董苏本炎（筠尚）与兄本立，弟本铫、本浩昆仲，秉承父训，创办学堂。苏氏家族原籍福建永定，从苏本炎祖父苏升（字辛庆）起在沪经商，初以埠际贩运为主，兼营南洋物产，商号叫“福裕南”，后扩展进口业务。产业到了苏本炎父亲苏梦渔（1838—1902）手里又有扩展，闽商曾铸和厦门瑞记洋行黄瑞田加入股本，改称为“瑞记福裕南”，专营海产品及南洋物产，兼营杂粮、绢丝等商品，在上海南洋庄中营业额实力名列前茅。苏梦渔逝于1902年，临终前有个愿望是办一所学堂，苏氏兄弟与亲友成立校董会筹备设立学堂。1903年冬，苏氏兄弟在南市城北安仁里旧居创办中学堂，因一时校舍难觅，四兄弟与叔父苏绍柄商议各自迁徙，又在宅边空地另筑二楼四间为课堂。1904年1月，学校定名为“民立上海中学堂”。校董会推苏本炎为经理，苏本铫任校长。苏本铫，字颖杰，18岁考取秀才，后又考入圣约翰书院研读英文，学贯中西，精通英语，擅长书法。他曾有在上海英国皇家律师处和山西大学堂译书院翻译的经历，创办民立上海中学堂那年，他恰好是而立之年。民立上海中学堂设正科二级，预科三年，课程参酌欧美学校制度编订，专收男生。是年2月开学，招收学生

60余人。

苏氏兄弟创办民立上海中学堂之后，又相继办了民立幼童学堂、民立女子中学堂。1905年4月，清商约事务大臣吕海寰到上海视察，参观了民立上海中学堂等学校，认为办学“卓有成效”，奏请清廷立案嘉奖。1906年4月，光绪皇帝传旨嘉奖民立上海中学堂等学校的创办人，以示清政府对民间办新学的支持。3年后，“民立”的发展进入新时期，新校舍在南市的大南门民立街落成。其中学的课程设置，立足社会实际和教育需要，尤其注重英文。学生毕业后除升大学外，多数能考进被称为“金饭碗”的海关、银行及邮局等行业。在办学过程中，苏本炎得到岳父、校董曾铸的鼎力支持，曾铸也是上海商务总会会董，1905年因领衔抵制美货，掀起全国性的反美运动，当选为上海商务总会总理。他连续5年为“民立”捐资，直至1908年去世。

1915年起，民立中学良好的声誉得到社会的肯定，学校优秀毕业生可直接升入圣约翰大学。1918年江苏教育会在列表调查上海中学毕业生就职情况，民立中学位于中外机关的人数和比例均为全省第一。民立中学曾与浦东中学、澄衷中学并列为上海三大私立名校。

1926年，民立中学在高中增设商科，开设银行、会计、打字等科，以适应上海作为远东最大经济贸易中心对于大量外贸和金融人才的需求。商科学生的毕业就业率高于普通科，因而大受社会欢迎。1929年，民立中学已成为占地16余亩，师资雄厚，设施完备，有学生1466人。1937年“八一三”事变，民立中学在南市校舍被日军飞机炸毁，校产损失惨重。同年9月，学校被迫暂迁沪西地丰路（今乌鲁木齐北路），1940年2月，迁入威海路412号。

民立中学的办学成果和社会影响离不开苏氏家族作出的贡献，在《上海总商会议事录》里记述苏筠尚（本炎）的条目有170多条之多，他关心时政，乐善好施，影响远越商界。事有巧合，新中国成立以后，苏本炎长子、亚美无线电股份有限公司总经理苏祖圭担任上海市工商业联合会第一届执委，且连续担任4届，苏本炎另一个儿子、亚美无线电股份有限公司副经理苏祖国也是上海市工商业联合会执委，担任上海市工商业联合会第二至七届执委。苏氏儿孙与上海市工商业联合会结下了不解之缘。

1956年，民立中学改为公办，更名为上海市第六十一中学。1959年被列为静安区重点中学。1985年恢复了“民立中学”校名，确立“勤学笃行”为校训，1993年1月瑞金中学并入，2003年爱国中学并入。1990年9月教师节，苏本炎之女、92岁高龄的上海市儿童医院名誉院长苏祖斐教授秉承父辈优良传统，将售出私房所得6万元，分别捐赠给上海儿童医院、儿童营养研究室和民立中学。在民立中学设立“苏筠尚尊师重教基金”。

2004年9月，民立中学迁入威海路681号，校舍面积扩大，教育设施完备，校园精致典雅。学校秉承“勤学笃行”的校训，融合时代元素，确立“勤学以致博，笃行而达雅”之“博雅教育”为办学思想，告慰苏氏家族创办“民立”品牌的在天之灵。

（文/文舟、赵军）

商界参与发起华洋义赈会

《上海工商社团志》记载："1910年夏秋之际，江苏、安徽的长江、淮河沿岸发生特大水灾，商务总会议董沈仲礼、朱葆三、祝兰舫、丁维蕃会同在沪英人福开森等发起华洋义赈会"。据当年相关资料显示：水灾是因连续大雨、暴雨而引发，"8月4日，江浙、安徽大雨成灾"。上海商务总会的议董中有许多是江浙两省以及安徽省的人士，议董沈仲礼（敦和）是浙江鄞县人，朱葆三（佩珍）是浙江定海人，祝兰舫（大椿）是江苏金匮人，丁维蕃（价侯）是安徽怀宁人，他们的乡亲情结、故乡情结油然而生，不能眼看乡里乡亲、同胞手足遭受苦难，他们借助国际的力量救助灾民，与教会人士联合发起赈灾，捐款捐物，支援灾区。

《上海工商社团志》讲到的"英人福开森"，实际上福开森并不是英国籍人，而是出生于加拿大安大略省的美国籍人士，旧时由于资讯局限，看到差不多白种人，英国人、美国人不分，统称"英人"，如果将美国籍人士简称"美人"的话，就会产生歧义。福开森（1866—1945），1886年毕业于美国波士顿大学，获文学学士学位（1902年获哲学博士学位）。同年来华，先在镇江习汉语，1887年赴南京，次年在南京干河沿创办汇文书院，汇文书院教职人员主要来自美国，书院设博物院、医学馆、圣道馆，并设附属中学，后于1910年与宏育书院合并为金陵大学。福开森是该院首任院长。

1896年，盛宣怀在上海创建南洋公学，福开森受聘出任监院（校长）之职，参与创建工作；翌年辞汇文书院校长之职，出任南洋公学监院，直至1902年。起初，他致力校舍建设、设备选定、课程设置、教师聘用，并亲手设计该校最早的两幢建筑物，中院和上院；南洋公学后改为南洋大学、交通大学。与汇文书院不同，南洋公学为中国人自办的学校，故聘用了许多著名的中国学者任职任教，如吴稚晖、钮永建、章太炎、蔡元培、张元济等；借此扩展了与中国学人及士绅的交往。

1898年，福开森受聘为两江总督刘坤一幕僚。1899年，在上海创办《新闻报》，后办《英文时报》《亚洲文荟》。1900年，兼任湖广总督张之洞幕僚，参与策划东南互保。1902年，参与修订中国对日对美条约。1908年，到北京任邮传部顾问，曾出任华洋义赈会会长。所以福开森是华洋义赈会老资格的专业人士，上海商务总会是与专业人士的接洽，可以在赈灾各个方面得到指导，包括募集方法、运送物资与灾后恢复生产等等。

1910年12月12日，上海商务总会在张园成立华洋义赈会，推举华洋董事各8人，沈仲礼为华方议长，朱葆三、丁维蕃等为华方董事。事务所设在三马路（今汉口路）274号新闻报馆楼上，这是因为福开森的关系。华洋义赈会成立后，致电或致函政府、地方、商家及英、美、法、德、日各国，言明灾情，筹借及劝募义款。拟就劝赈"刍言"，在报刊上广为刊发，"刍言"这样写道："一劝各店铺行栈将春卮酒席费移助皖振（赈）；一劝祝寿之家将亲友所送贺分及宴客酒席费移助皖振；一劝嫁聚之家将一切浮文减少移助皖振，一劝宦场升官得缺得差者酌量捐助皖振；一劝各店铺

1924年1月，章元善（后排左一）参加中国华洋义赈救灾总会在上海召开的第二次年会

行栈生意获利者酌量捐助皖振；一劝求病愈求寿求嗣者酌量捐助皖振；一劝病愈还愿者酌量捐助皖振；一劝为先人资冥福者将斋醮之资移助皖振；一劝求家宅平安者酌量捐助皖振”。简明扼要地将赈灾款从哪里筹集提示民众。在华洋义赈会的统筹调度下，报刊、轮船、铁路都为宣传救灾，抢运物资各尽其责。

华洋义赈会董事每周开会研究灾情，调整赈灾办法，从华洋义赈会成立，1910年12月到1911年9月，将近10个月的时间内，共收到中外机构和人士捐款152.6万银元，支出为144.8万银元。

1911年秋，华洋义赈会再次选举董事，华洋双方各有10人担任，上海商务总会的总理陈润夫、协理贝润生均担任华洋义赈会的董事，上海商务总会的议董虞洽卿、邵琴涛、苏葆笙、袁有道被举为新董事。华洋义赈会事务所也从三马路移至二马路（今九江路）礼和洋行楼上。

1912年2月，上海总商会成立后，华洋义赈会从总商会事务范围渐渐地脱离，作为独立的团体，专门从事募捐赈灾事业。1921年1月，中国华洋义赈总会在上海成立，各地9个华洋义赈会实行归并。

（文/王昌范）

上海总商会办商业补习夜校

我国职业补习夜校创办，恐怕上海是最早的了，但是上海总商会创办的商业补习夜校是不是最早还得考证。

1921年10月15日，上海总商会召开第21次常会，其中有一项议案是关于成立上海商业补习教育委员会。这个上海商业补习教育委员会是上海总商会与中华职业教育社、上海商科大学合组成立。中华职业教育社成立于1917年5月，中华职业教育社在成立《宣言书》上有一主张是“推广职业学校、职业补习学校”。上海商科大学的前身是南京高等师范学校开设的商科，这个商科开设时间也是1917年。1921年南京高等师范学校商科扩充改组并迁址上海，成立了国立东南大学分设上海商科大学。这个上海商科大学就是现在上海财经大学的前身。

在那次常会上报告成立上海商业补习教育委员会的是上海总商会会董钱新之、方椒伯。钱新之（1885—1958），名永铭，浙江吴兴人。他同时也是中华职业教育社的议事员。报告同时还附有一份《上海商业补习教育会简章》。《上海商业补习教育会简章》阐明该会宗旨是“扶助上海商界青年，增进商业知识，养成商业适当人材”。其任务之一是调查上海商店对人才的需求，实施上海商业补习教育方法，筹设上海商业补习学校。会议通过了这个议案，这个委员会由钱新之、方椒伯、赵晋卿出任委员。

经过几个月的筹备，1922年3月15日，上海总商会商业补习夜校正式开学。学生主要是职业青年，有的是职员，有的是学徒，有的是银行、保险公司工作的，也有在布庄、药房工作的。教师基本上是上海总商会职员兼任，有：之江大学法政专门学校毕业生、总商会商品陈列所文牍股股长于楚卿，美国芝加哥大学商科硕士李培恩，圣约翰大学文学士、商务印书馆英文编辑陆品芹，暨南商科大学教师盛谷人，大中华纺织公司总理处英文秘书张毓良，《大陆报》主笔、总商会翻译谢福生，美国伊利诺伊大学商科毕业生张赫华，东吴大学法科法学士赵传鼎，商科大学商业管理系教师于化龙。

上海总商会商业补习夜校规定，学生修业年限为4学年，课程设置有国文、英文、簿记、经济速记、商事要项、商业文件等科，各科课程考试及格者给予毕业证书。校址设在北苏州河路470号上海总商会会所内。学生数1922年为94人，1923年为221人，1924年为173人，1925年为210人，1926年为321人，1927年没见数据，1928年为540人。从这个数据可以看出上海总商会职业补习夜校的学生数呈逐年递增趋势。当年学生学费，前2年每学期8银元，杂费小洋5角，后2年每学期10银元，杂费小洋5角。1930年上海市商会组建后，上海市商会接收了上海总商会商业补习夜校，学校改称为上海市商会商业补习夜校，学费是否变化，没有记载。

在上海工商界的老人中也有在商业夜校读书经历的。比如：担任过上海市人大常委会副主任、民建上海市委主任委员的陈铭珊，在自己的回忆文章中写道：他在南京路南洋药房学徒生涯的第二年，“自己感觉到学生意也总要学点学问，就到市商会学校读书，在北苏州路，读夜校。……白天工作，晚上学习，很辛苦，要打瞌睡，读完书回（药房）去还要做事。”陈铭珊是1935年毕业的，他回忆说：“入学的那一年，学生多达1500余人，还有许多学生因额满而不能入学”。可见，当年职业青年的求知欲很强，同时也可以看出当年上海总商会职业补习夜校符合市场需求，聘请的都是当时一流教师，吸引着诸多商界学子。商界学子心甘情愿从有限的学徒津贴中挤出8至10银元，去享受“精神大餐”。

陈铭珊后来考上了雷士德工学院化学系，当上了信谊药厂的经理，这与他在商业补习夜校所打下的基础不无关系。事有凑巧的是，上海解放后，上海市工商联筹备会成立，接管了上海市商会，同时也接管商业补习夜校，这个地方成为上海市工商联会所。陈铭珊是筹备委员之一，事隔 15 年，他故地重游，感慨万千！ 1950 年代，陈铭珊连续担任市工商联常务委员，经常到市工商联参加学习和出席会议，不能不说是一种缘分。

（文 / 王昌范）

商业图书馆

现在图书馆事业作为我们国家文化建设的一部分已经人们所熟悉，但是，在100年前的上海，除租界外国人办的教会学堂图书馆，私人收藏典籍的图书楼外，华人是没有公共图书馆的。上海总商会图书馆是最早由中国人自己创办的公共商业图书馆。

1920年8月，上海总商会会董、会长换届后，认为上海作为商业中心，商人在营业之余，有需要学习和潜心研究商业经营的门道，但缺少完备的专业书籍可以参考，提出在上海总商会办事机构中设置图书馆委员会。这个委员会由总商会会董担任，职员的人事更替都由上海总商会常会讨论决定。1921年11月12日，上海总商会常会讨论通过了由图书馆委员会提

上海总商会图书馆一隅

议的图书馆建设规划，即在上海总商会办公楼的二楼辟出2间房为馆所；开办费预算21800元，以事业募金中划拨20000元，节省宴请费1800元；图书馆的常年预算为3500元，由事业基金的利息划拨；并增加5位会董为图书室委员会委员，以加紧图书馆的开办。会后，上海总商会将开办图书馆的情况报江苏省公署和农商部备案，同时着手招标置物、购书、订定规章制度，又向各书局发出《凡新出商业书籍请赠图书馆一份》及征求其他书籍的函。1922年6月26日，商业图书馆正式开馆，《申报》为此登了“开幕启事”。

商业图书馆馆藏各种图书有6万余册，首位是商业、经济类，其他依次为文学、政治、工业制造、医学卫生、史地、哲理、科学等，另有中外文杂志225种，中外文日报26种，其中20%为常年所添购，80%是各书局、各界热心人士所捐赠，也有向国外购买商业书籍的记录，在上海总商会与北京政府外交部交涉处往来函件中也有关于上海总商会向美国购买图书被扣、被检查、被外交部收存的情况反映。

商业图书馆开办以后，常年阅览人数有3万多人次，日均100多人次，仅仅2间阅览室，这对于硬件条件有限的情况来说，图书的利用率、周转率是较高的。上海总商会的刊物《总商会月报》版面，每月刊出商业图书馆新增书目。商业图书馆成为上海华人公共图书馆的先行者，它的运行模式得到各团体机关的认可，全市各团体机关竞相仿效，纷纷建立图书馆、室。

1924年，由上海总商会商业图书馆发起，联络上海各家图书馆，组织成立了上海图书馆协会，“共谋华人图书馆之发展”，开展读书演讲活动。这项活动反响很大，1925年又进一步推向全国，上海总商会组织各省图书馆代表来沪参观，并成立了中华图书馆协会。

商业图书馆的业务有阅览、外借和寄存3种。阅览对象为社会公众，以1929年为例，全年阅览人数有38706人次。外借图书的对象限于会员，1923年外借图书为4574册次，1924年达到11109册次，1929年全年外借为 8121 人次，外借书籍为 32484 册次。寄存图书是总商会借助私人藏书来扩大商业图书馆的藏书规模，满足读者对知识的需求，在寄存章程中表明，“凡以自藏图书或孤本墨稿寄存本馆公诸同好者，本馆当负保管之责，给与凭证，随时得由本人或其委托代表凭证取还”，该馆获得寄存的图书有近 3 万册次。

商业图书馆按照图书保管的要求，将上海总商会会董议事的会议记录誊清抄录装订成册，称为议事录，每年一册，有的年份二册；将办理会务的记录以办事报告的形式装订成册，称为办事报告，也是每年一册。也多亏商业图书馆保留了这些资料，才使得上海总商会档案的核心部分保留至今，成为中国档案文化遗产的一部分。

1929 年上海总商会被上海特别市商人团体整理委员会接收。1930 年，上海市商会成立设图书教育委员会负责其事。1932 年“一·二八”淞沪抗战起，日本侵略军施虐，上海东方图书馆被炸毁，商业图书馆幸未遭殃，借阅更为频繁。图书馆采取征求捐赠，广劝寄存，自行购置等几种方法搜集图书，藏书有所增加，内容涉及商业、经济、理财、文学、政治、工业制造、医学卫生、史地、哲理等多种类别。服务方式也进行了创新，图书经过编目，方便读者查阅，并实行通信及电话借书，馆方特备车辆，派车递送。商业图书馆深得社会赞许，捐赠图书者不绝，且有大量图书寄存馆中，至 1932 年底藏书达 7 万余册。全年阅借者达 10 万余人次。

1937 年“八一三”事变爆发，日本侵略军占领上海。因商业图书馆图书数量较多，没有余屋可以客藏，又未能及时转移。次年 4 月 7 日，上海市商会会所和附设图书馆被日伪强行占据，搜集十多年的图书资料被劫掠一空。1945 年抗日战争胜利后，上海市商会恢复会务，并着手恢复图书馆建设。该馆原主任、图书馆专家孙心磐，不忍将十数载经营的图书馆毁于一旦，经其悉心访求，发现市立图书馆内有 1000 余册图书盖有商业图书馆图章，由麻袋装的被日伪掠走之书籍杂志，遂呈请市政府归还。几经交涉，才得以收回。

上海解放后，商业图书馆随同上海市商会被上海市工商业联合会筹备会接管。1950年代初，上海市工商业联合会将商业图书馆所有图书移交上海市政府文化管理部门。

（文/王昌范）

商界与中华职业教育社发轫

21世纪被称为是信息时代。当信息技术飞速发展需要有相关知识的应用人才时，职业教育又被人们所认识，所重视；当人们发现在经济全球化，在国际竞争中取胜的关键在于劳动力必须有足够的职业能力时，加强职业教育又为社会各界人士所呼吁。

时间荏苒，中华职业教育社已经有100多年历史。冬去春来，春华秋实。今天，中华职业教育社作为“统战性、教育性、民间性”的团体，与工商联“统战性、经济性、民间性”成为兄弟团体，都是统一战线工作大家庭里的成员。实际上，中华职业教育社在它成立之初已经与商界联姻，1917年5月，发起成立的中华职业教育社有48位社会各界人士，有政界、教育界、出版界、宗教界的人士，也有工商界和金融界的人士。

《上海中华职业教育社志》刊登了中华职业教育社发起人的人物简介，这48位人物是：伍廷芳、梁启超、张謇、蔡元培、严修、唐绍仪、范源廉、汤化龙、王正廷、袁观澜、张元济、江谦、陈宝泉、宋汉章、陈光甫、陆费逵、张嘉璈、穆杼斋、张伯苓、周诒春、杨廷栋、史量才、刘垣、穆藕初、蒋维乔、龚杰、刘以钟、邓萃英、于定一、朱友渔、庄俞、刁信德、朱庭祺、朱胡彬夏、贾丰臻、朱叔源、聂云台、陈容、蒋梦麟、顾树森、沈恩孚、余日章、郭秉文、黄炎培、张谊、汤松、韩振华、朱少屏。在48位发起人中，与商界有关的10位，占比1/5强，他们分别是商务印书馆经理张元济，上海中国银行行长宋汉章，上海商业银行行长陈光甫，中华书局局长陆费逵，上海中国银行副行长张嘉璈，上海德大纱厂总经理穆杼斋，上海《申报》馆总经理史量才，农商部前次长（大生纱厂总经理）刘垣，上海德大纱厂经理穆藕初，上海恒丰纱厂总经理聂云台，盐业银行北京分行经理韩振华。而这10位商界人物中有半数时任上海总商会会董或会员，会董有宋汉章、穆藕初、聂云台，会员有穆杼斋、陆费逵。后来聂云台、宋汉章、穆藕初分别都当上了上海总商会会长。发起人中也有后来成为上海总商会会员的，比如王正廷，发起中华职业教育社时他是参议院前副议长、中国基督教青年会总干事，1924年王正廷加入上海总商会，在上海总商会会员名录里连续多年有他的身影。

商界对于中华职业教育社发起、发展所起的作用非同小可，举几个例子：

1918年5月5日，中华职业教育社召开首届年会，上海总商会会长朱葆三任大会主席，马相伯等人发表演说，黄炎培致辞。当年的朱葆三是一言九鼎的人物，朱葆三的出席，意味着商界对于职业教育事业的支持。中华职业教育社的年会实际上就是会员大会，集中了当年的会员，这个年会维持了10年，共召开17次，后因抗日战争爆发而暂停。

1919年7月，聂云台从家族“聂爱春堂”的基金中拿出1.2万元，与中华职业教育社合办“女子职业学校”，被商界与教育界传为佳话。第二年聂云台当选为上海总商会会长。当了上海总商会会长后，聂云台仍然支持、推动职业教育，1921年中华职业教育社征求社员，也就是发展会员，聂云台任副总队长兼第九队队长，1923年他担任中华职业教育社第三届评议员，1926年中华职业教育社改董事制，聂云台当选中华职业教育社第一届董事。可以看出他始终支持着中华职业教育社的发展。

中华职业教育社在上海雁荡路与南昌路西北转角处有一栋楼，这栋楼叫中华职业教育社大楼，殊不知，这是当年中华职业教育社社员捐资建造的。在捐资故事中，穆氏兄弟事迹颇为感人。穆湘瑶、穆湘玥（藕初）是兄弟俩，他们兄弟俩将为母亲贺寿的礼金2540元悉数捐给中华职业教育社百年基金。百年基金后来用于建造中华职业教育社大楼。不仅仅是捐资，中华职业教育社董事会还推举穆湘瑶主持建造大楼的事务。1930 年 7 月，中华职业教育社大楼建成。这栋楼至今已经 90 年了，风姿依旧。2002 年 4 月，“中华职业教育社”大楼被上海市人民政府列为上海市文物保护单位。

（文 / 王昌范）

荣宗敬、祝兰舫登报悼周舜卿

1923年12月4日《申报》刊登锡金公所董事荣宗敬、祝兰舫、陆培之、俞仲还等14人代表锡金公所追悼已故董事周舜卿、张雪梅二先生公启，启文写道：

> 启者：故董周舜卿、张雪梅二先生，为本公所创设首董，功绩昭然。遒者先后逝世，同人等曷胜悼惜。兹于旧历十一月初九日在本公所开会追悼，并于是日供奉栗主入祀本公所飨堂。凡我同乡，届期务惠临致祭，如有诔词、诗文、挽联，敬乞先期赐交本公所为荷。

锡金公所是江苏无锡、金匮地方在上海、无锡两地商人的同业组织。

荣宗敬（1873—1938），名宗锦，字宗敬，江苏无锡人。1920年、1922年上海总商会会董。他与周舜卿同是无锡同乡，周舜卿、祝兰舫是商界前辈。荣宗敬、荣德生兄弟俩是无锡荣巷人，周舜卿无锡县土夅小园里人。周舜卿逝世，荣宗敬领衔举行追悼仪式。荣宗敬早年经营过钱庄业，从1901年起，与兄弟荣德生等人先后在无锡、上海、汉口、济南等地创办保兴面粉厂，福兴面粉公司（一、二、三厂），申新纺织厂（一至九厂），被誉为中国的“面粉大王”、“棉纱大王”，是中华人民共和国原副主席荣毅仁之伯父。

上海总商会会董荣宗敬

周舜卿（1852—1923），名廷弼，以字行，晚号耐叟，江苏无锡人。11岁入私塾读书，16

岁由族叔介绍进上海利昌铁号当学徒。1878 年，英国洋行大班帅初以 5000 两银子在上海开设升昌五金煤铁号，任命周舜卿为经理。3 年后帅初在英病故，其子来上海料理遗产，除提取升昌盈余 3 万两外，其余资财悉数赠予周舜卿。周舜卿后又在升昌隔壁开设震昌铁号。过了几年他所拥有的资本，已是当初震昌铁号投资额的二百多倍。

周舜卿之所以能够在短短的时间内，由一个默默无闻的店员一跃而为全国著名的巨富，有一个重要的原因，就是他精明过人，善于抓住各种有利时机，大做投机生意。上海邮政总局曾想在他的震昌、升昌所在的地址上兴建大楼。周舜卿知道，虽然他的震昌、升昌两字号地处这个比较繁华的商业地段，营业额比较大。但是，如果把这处地产转卖给财大气粗的邮政总局一定能够大挣一笔。再说，像自己这种老字号，招牌已经创出来了，不会因为地址的搬迁而失去那些大宗的生意的。因此，他当机立断和邮政总局的人拍下板来。最后，这桩房地产生意以二十八万两这个惊人的高价成交。虽说后来震昌、升昌号的搬迁和新建也花了不少的钱，可相比之下，则显得微不足道了。另外还有一次，周舜卿从拍卖行中以相当于废铁的价格买下了一艘报废的外国轮船，然后他招来一批铁工，把这艘轮船上的机器、钢铁全部拆卸下来，经过稍微的修整之后，就充当新品投入市场，竟然也在不长的时间内售完。这桩一本万利的生意，又给他增添了一笔不小的财富。

1892 年，周在家乡开设裕昌祥茧行，专门为洋人收购蚕茧。从 1896 年开始，他又先后投资于曾任过驻英、法、意、比公使的大官僚薛福成之子开办的永泰丝厂及官僚商人陆润康开设的苏纶丝纱厂。1902 年由于丝市不景气，怡和洋行借口裕昌祥茧行收购的蚕茧质量不过关而全部拒收。为了确保自己的资金不受损失，周舜卿就必须要想方设法把这些已经收购上来的蚕茧处理掉，可是在丝蚕业无利可图的情形下，是不会有人要这些蚕茧的。在万般无奈的情况下，他只得决定自己亲自创办一个丝厂，自缫自销，在征得清政府的同意之后，于 1904 年出资五万两，购丝车 98 台并新建厂房，正式开设了裕昌丝厂。1906 年，周舜卿又利用奕匡父子作为自己在政治上和经济上的后台，集资 50 多万两，在上海开设了中国第一家私营银行——信成银行，这家银行在当时还享有清政府特殊授予的发行钞票的特权，信成银行不断扩大业务，在全国各个大城市设立分行，势力影响遍及全国，从开始创办之日起，就一直在中国的金融界占据着极其重要的地位。

周舜卿是近代上海商会的元老，1902 年成立上海商业会议公所时，他就是议董。1904 年上海商业会议公所改组为上海商务总会，他是上海商务总会议董，在 1905 年、1906 年、1907 年、1909 年、1910 年、1911 年名录里都有他的身影。1912 年上海商务总会与上海商业公所合组为上海总商会，他也是议董，在当年会员名录里，他登记的执业公司是昇昌五金行和华昌机器榨油公司。1912 年 5 月 5 日下午 3 点召开了上海总商会第七次会议，会议议程是选举议董，周舜卿以 88 票当选为上海总商会首任仪董，排名第十，座位排于议董会议右起第一位。同年 6 月 22 日召开的上海总商会第一次常会中，周舜卿担任庶务议董。

（文/文　舟）

穆藕初的杭州“韬盦”别墅与昆曲

1921年4月，在景色秀丽的杭州北高峰山上韬光寺内，时有笛声悠扬，更有歌声抑扬抗坠，透竹而出。著名爱国实业家穆藕初正与“江南曲圣”俞粟庐及曲家徐凌云、张紫东、贝晋眉等在此度曲，并商议培养昆剧接班人，成立昆剧传习所事宜。

穆藕初（1876—1943），上海县人。先后创办德大、厚生、豫丰三家纱厂，成立华商纱布交易、上海中华劝工银行，有“棉纱大王”之称。他与上海总商会也有着很深的渊源，1918年2月，穆藕初由孙衡甫、郁屏瀚介绍，以厚生纱厂经理名义加入总商会后，先后二次当选会董，1927年又任临时执委员会执行委员，为总商会献计献策，参与处理了一系列重大事件。

穆藕初与韬光寺主持一稔法师有交往。1918年穆藕初“迷”上了昆曲，每年暑夏，都要去杭州韬光寺避暑度曲。韬光寺是西湖胜景之一，景

韬盦匾牌

色宜人，穆藕初见此胜景而韬光寺却年久失修，颇有感叹：“有此胜迹胜地胜景，不思有以整理之，俾成人间之盛事，乌乎可。”于是他与周让卿各捐二千元，整修寺屋；并号召沪上诸大善士，“酌予赞助，广种善缘”。韬光寺附近竹径通幽，古木参天，空气清新，使穆藕初非常神往。于是他决意在寺侧建筑别墅，供日后休养之用。

1920年，穆藕初通过冯超然介绍，拜俞粟庐为师学习昆曲，他从昆曲的艺术中感受到了中国文化的博大精深，同时也为这古老的艺术的前途深深担忧。时值“五四运动”风起云涌之时，传统文化受到冲击，新文化占据盟主地位，穆藕初不为“时论”所动。他深刻认识到，昆曲作为民族文化的精髓之一应该得到继承，而且要与新学同时“发挥光大，相互争存”。于是就有了本文开头所提到的1921年4月的韬光度曲，商议创办昆剧传习所之事了。周传瑛《昆剧生涯六十年》一文说：“苏州一些有心的曲家，动议发起筹办一个昆曲学堂。听说第一次会议是在杭州西湖北高峰上韬光里开的，上海有些曲家也参与和资助。校董有徐凌云、张紫东、贝晋眉等人，由民族资本家上海浦东人穆藕初出巨资（听说他拿出5万银元），开办了这个昆剧传习所。”而随穆藕初一同前往的俞粟庐也提到他们专程去看了“韬光山上房屋”的建造进展。

1921年7、8月间，“韬盦”别墅启用，穆藕初“邀集曲友登山作雅集”，俞粟庐父子同往以观厥成。据《上海总商会议事录》会董出席记录，此期间有穆藕初“告假赴杭”的记载。“韬盦”是一幢两层四开间的L形小楼，是典型的中西合璧式建筑，朱红油漆，盖小青瓦，玻璃大窗几乎落地，窗户上方加拱形装饰，西式木栏杆配中式挂落，西墙一楼墙门上方刻着“韬盦”两字。“韬盦”是俞粟庐的号，因为穆藕初特别推崇俞的叶堂正宗唱法，穆还亲书“韬盦”木牌匾一块，挂在客厅上方，云：古娄俞先生韬盦，工书能文，尤精昆曲，传叶氏正宗，年虽近耄，犹能出其绪余，饷遗后进。湘玥景仰先生，爰取先生之字为斯屋之标帜，俾歌咏同人知师承之有自天雨，闻正始元音或赖兹弗替云。

为筹集传习所资金，穆藕初发起上海与苏州曲友举行会串，登台义演三天，特地邀请了沈月泉，谢绳祖和俞振飞到杭州“韬龛”，闭门学戏。俞振飞说：“在那里整整一个月，穆藕初学会了《拜施·分纱》《折柳·阳关》《辞阁》，我学会了《断桥》《游园惊梦》《跪池》三出戏的身段动作。”穆与俞都唱小生，谢绳祖唱旦角，为他们二人配戏。9月，昆剧传习所在苏州开学，招收学生，培养了一代“传”字辈艺术家。可见，“韬龛”别墅与昆剧艺术的传承息息相关，可谓昆剧传习所的发祥地。

每年夏天，穆藕初都要到“韬龛”去小住避暑，据原韬光寺的继云法师说，在他的记忆里，“当时韬龛大部分时间都空着，夏天来的人多些，资本家们小住避暑。”继云法师见到的资本家中，“有一位就是穆藕初先生——一位海归实业家，曾任国民政府工商部次长。”另有资料记载，梅兰芳也曾在“韬龛”小住过。1937年“八一三”淞沪抗战爆发，穆藕初出任上海市救济委员会给养组主任，负责难民给养，备极操劳。8月底，穆藕初赴“韬龛”养病，全家同往。10月，随着战事的全面爆发，穆藕初率全家由杭州至湖州、南京，随政府西迁辗转汉口而到重庆，出任农产促进委

位于杭州灵隐寺附近的“韬龛”今貌

员会主任委员，负责全国农业普及与推广工作，直至1943年病逝重庆，再也没有能重回“韬盦”，令人唏嘘。

1949年后，“韬盦”收归国有，曾因年久失修被有关部门定为危房。2009年，作为文化遗存，“韬盦”完成保护性修缮，“在保持原来地基和格局的基础上整修。一栏、一窗、一玻璃都仍是民国时期的原材料。”而原来悬挂于客厅的“韬盦”牌匾，曾被附近一户居民当成了洗衣板的台面，幸好岳庙文保处沈立新发现，把它抱回了家，后捐赠给西湖博物馆。2001年联合国授予昆剧“非物质文化遗产”以后，昆剧的传承和发展得到了全社会的重视，“韬盦”作为昆曲的重要历史景点，更加受到关注。

（文/穆伟杰）

苏州“五卅路”与上海总商会的渊源

五卅路纪念石碑

苏州有条“五卅路”，它是上海五卅运动的直接产物，是迄今全国唯一一条“五卅路”。有一种很流行却值得商榷的说法，称“五卅路”是上海总商会将苏州各界五卅运动时期的捐款退还苏州后修筑的纪念路。其实苏州修筑五卅路的提议和行动，决非是在五卅运动结束以后，而是在五卅运动初期，这一提议或许还是受到上海各路商界总联合会主张的影响。

上海五卅惨案发生后，苏州学生热情募捐，社会各界慷慨解囊，并且成立了苏州各界联合会，苏州各团体发动工人、学生、商人、艺人千方百计支援接济上海罢工工人。6月6日，上海总商会收到国内外的第一笔捐款，就是来自苏州东吴一中学生会募捐的洋300元，同日另一笔捐款是东吴大学法科学生会捐赠的洋31元又小洋24角。6月9日，担任苏州学生联合会主席的东吴大学学生蓝琢如又将苏州各校学生募捐救济上海工人的洋6000元送到上海总商会。6月26日，苏州学生联合会又将洋4000元汇寄到了上海总商会。

苏州修筑五卅路的提议和行动，就是为了上海罢工工人的安置问题。因为上海骤增罢工工人达20万之众，对那些要靠工资养家糊口的罢工工人来说，罢工补贴是远远不够的。苏州教务联会、小学教员沪案后援会、苏州救火联合会三个团体联名，向苏州各界联合会提出招用上海罢工工人来苏，以工代赈，修筑娄门至葑门之间的城外车路。五卅运动时以工代赈修筑道路的主张，现有资料显示最早是由上海群益书社经理陈芝寿在上海各路商界总联合会代表会议上提出，招收罢业工人赴吴淞筑路，所得工资较协济为丰，可免闲居滋事，路成可资纪念，而吴淞商埠早成，又可减少租界势力。这一提议得到会议通过，但随后与各方接触的结果并无成效。但由于《新闻报》等的报道，显然产生了一定的社会影响，所以说，苏州的提议也许受到了上海的启发，苏州的可贵之处在于，最终修筑了一条纪念五卅运动的“五卅路”。

苏州各界联合会讨论通过了苏州救火会等团体以工代赈修筑道路的议案，成立筑路委员会，计划与上海总工会联系招收 50 至 100 名罢工工人来苏筑路，修建娄门至葑门之间的城外车路，路名定为“五卅路”。原计划由学生联合会将所募集捐款一部分用作上海来苏筑路工人的工资，但苏州总商会代表程干卿提议，学联将捐款径行解沪以济燃眉之急，筑路另行筹款办理，商会可负责集款。这样学生联合会就将捐款全部汇给了上海总商会，7 月 24 日，上海总商会收到苏州学生联合会捐款洋 2110 元 3 角 3 分。此后，苏州学生联合会又将募捐款项乃至历次募集积累的洋钱均悉数汇寄上海，可谓毫无保留。8 月 10 日以后，上海总商会、上海总工会、各马路商界联合会派出代表与日本、英国工厂先后进行复工谈判，罢工工人陆续复工，以工代赈计划在事实上已无法进行。

当然，如果苏州总商会能筹措到足够的资金，完全可以依靠苏州工人按照原计划线路规模修建。但实际的经费筹措非常困难，苏州各界联合会决定放弃原先修筑计划，修筑线路更改为苏州城内言桥至平桥一段，将原来的马军弄拓宽平整成一条“五卅路”。这样做，工程规模大为缩减，既省工钱，也能尽早修筑完工，又因是市内道路使用价值更高。为了节省费用，还将原先规划的碎石块平铺杂砌路面改为更省钱的煤屑路面。修筑这一条“五卅路”的资金预算须 1300 元，由苏州总商会承担 625 元，苏州市公所、工巡捐局合助400元，余不敷之数由苏州各界联合会担任筹足。1926年1月11日苏州各界联合会举行开工仪式，苏州本地数十名男女工人从事平路。1926年5月30日为五卅惨案一周年纪念日，苏州各界联合会召开纪念大会。筑路委员戈秋潭报告五卅路修筑经过，宣布“五卅路”工程只需加铺煤屑后即可告竣。然后，苏州各界联合会在新筑之五卅路竖立两方纪念界石，一方竖于公共体育场门前，一方竖于言桥堍，“俾我苏人，永矢弗忘”。至此，苏州这条“五卅路”终于基本建成，全部完工的实际时间应在1926年6月。

苏州社会各界自筹资金、自力更生修成的这条“五卅路”，不如五卅运动初最初倡议时设想的工程规模和路面质量，实际费用方面虽因改筑围墙、添砌侧街而超出预算，但用卖杨树的25元冲抵后，仍只用了1300多元，商会承担625元，市公所、工巡捐局联合捐助400元，不敷之数300元由各界联合会承担。但这样的道路，却更能令后人体会到五卅运动时期苏州经济民生的艰难，感受到苏州社会各界自立助人的爱国精神和坚韧意志。这条“五卅路”附近的乐益女中就是上海五卅惨案发生后苏州中共组织发动领导支持五卅运动的重要基地，周边的体育场、大公园正是苏州各界集会声援支持上海五卅运动的重要阵地，“五卅路”成为苏沪情谊的重要历史见证。

（文/许冠亭）

商船会馆老照片质疑

商船会馆是上海历史悠久、影响最大的会馆公所，是近代商会的基础。在大量关于上海的史书、图册中流传着两幅商船会馆的老照片，就此笔者提出一些异议。

商船会馆是由上海各帮沙船商集资于清康熙五十四年（1715）在小南门外马家厂北兴建，曾多次修葺、扩建。因参与编纂《南市区志》，20多年前笔者曾广泛查阅商船会馆历史资料，并多次实地考察，发觉会馆的建筑形状和风格与老照片上的截然不同。商船会馆戏台和大殿均为单檐歇山顶，檐下装饰较简单，檐柱无任何雕饰。而老照片中，富丽堂皇的戏台翼角起翘，檐下斗拱犹如波涛起伏推进，上层八角攒顶典雅华贵；巍峨庄严的大殿为重檐歇山顶，脊上双龙戏珠、蹲兽及各类人物鲜活灵动，檐下十根蟠龙石柱大气磅礴，堪与曲阜孔庙媲美，雕琢精致剔透更胜一筹。比较两幅老照片上的香炉、柏树和戏台翼角、折锦栏杆，不难看出它们是在相同地点不同方向拍摄的，也就是说戏台与大殿是同一场所中相关联的两座建筑。

平心而论，商船会馆虽然号称“极缔造之巨观”，名列沪上240余座会馆公所之首，但无论就规模宏大或工艺华丽的程度而言，都远远不及老照片上的建筑。笔者带着疑问四处查寻上海古建筑的资料，没有找到与老照片相似的画面和记载，并进而了解到上海地区原本不存在蟠龙石柱。此时笔者推测这两幅老照片与上海并不相干，但照片上的建筑物究竟位于何方，是否留存于世？依然是未解之谜。

2003年，笔者偶然在《城市及其周边》画册中看见一组据称为“宁波庆安会馆”的老照片，其中有一幅酷似被误认为商船会馆的老照片。对照庆安会馆（又名甬东天后宫）的照片，两者风格接近而形状不同。既然风格类似，笔者估计老照片上的建筑也是浙东沿海的会馆或妈祖庙。笔者又仔细查阅了清代《鄞县志》和《四明谈助》等文献，发现在宁波城外东渡门南（今海曙区江厦街、东渡路附近）另有一座天妃宫，是宁波最古老的妈祖庙，甬东天后宫是它的分祠。宁波天妃宫又名福建会馆，始建于南宋绍熙二年（1191），比久负盛名的泉州天后宫还早5年。元皇庆元年（1312）重修，清康熙年间再建，雍正五年（1727）敕号天后宫，殿宇宏伟，被誉为“城东巨观”。遗憾的是，1949年9月20日的一次轰炸中，天妃宫严重损毁，从此湮灭。

笔者推测，照片上的建筑可能就是这座天妃宫。但是关于宁波天妃宫的具体形状，史籍上找不到任何记述，而且半个多世纪沧桑巨变，原址已是繁华商业区，只竖立一块“宋元天妃宫遗址”石碑，没有可供参照的实物。抱着试探的心情，笔者将两幅老照片发送到宁波海曙区档案馆，希望能寻求线索。

因缺乏资料，海曙区档案馆也难以确认照片上的建筑就是传说中的天妃宫，便通过《现代金报》从2005年8月19日起发出《神秘老照片，急寻知情者》启事和追踪报道，向全社会征询这两幅老照片是否宁波天妃宫。

登报征求老照片线索，在宁波是破天荒第一次，两张来自上海的“神秘照片”成了大街小巷的热门话题。许多专家学者参加了讨论，一致认定是当地的天妃宫。不少知情人介绍了当年天妃宫的情况，大量鲜为人知的细节浮现了出来，形态特征都与老照片画面相符。一些曾在天妃宫内料理、读书、玩耍过的老人看见照片后激动万分，精美绝伦的蟠龙石柱唤起了他们童年的回忆。他们印象最深的是中间两根硕大龙柱，龙须达一手长，深度镂空，龙姿飞扬，鳞爪活现，波涌云卷，是举世罕见的极品，四周用木栅栏围护，与照片中一样。老人们无不为如此璀璨的建筑被毁而感叹唏嘘。

然而仅仅凭老人的回忆，证据并不充分。宁波天妃宫由福建船商建造，为同乡同业议事酬神场所，宫内有一所八闽小学，只收福建人子弟入读，当地宁波人多被拒之门外；而上流社会囿于世俗，对于会馆之类不屑一顾，这是它存世史料稀少的主要原因。于是，笔者把目光转向了西方文献。

宁波自古为海上丝绸之路的重要港口，又是中国最早向世界开放的城市之一。19 世纪中叶起，西方传教士、商人、旅行者纷至沓来，写下了他们的观感，并用问世不久的照相机记录下当时的市井风情。笔者在浩如烟海的西文书刊中搜寻到不少关于宁波天妃宫的记载和照片，关于龙柱的评价尤其引人瞩目。

1872 年，英国摄影家约翰·汤姆森旅游来到宁波天妃宫。他仿佛走进了一个神奇的龙的世界，惊叹为“中国最好的建筑之一”，“中国神殿建筑的辉煌典范”。他作了生动形象的描绘：“大殿正面的石柱，设计精妙，风格奇异。龙，作为中华民族的图腾，是这里的主要图案。龙的浮雕深深镂刻环绕着每一根立柱，好像是龙在支撑整座殿宇。在两条台阶踏道中间的大块石头上也有龙的浅浮雕图案，龙的雕塑还装饰着屋脊。”汤姆森拍摄的天妃宫大殿照片除了角度不同外，几乎就是翻版。热衷于“天足运动”的英国阿奇博德·立德夫人对宁波天妃宫的雕龙石柱情有独钟，她 1901 年出版的游记 *The Land of the Blue Gown* 中附了一张照片，从天妃宫大殿龙柱后

高敞宏伟的大殿，蟠龙石柱精美绝伦

金碧辉煌的戏台，八角攒顶尽显豪华气派

看戏台，俨然是这幅照片的再现。此外，1907 年德国建筑师恩斯特·柏石曼在宁波天妃宫拍摄了一组精美的照片，其中戏台的模样无异。至此两幅老照片的谜底终于揭晓，它们确实是宁波天妃宫。根据画面特征分析，这两张照片拍摄时间应该距汤姆森到宁波天妃宫的日子不远，甚至可能就是汤姆森所摄。

宁波天妃宫以恢宏壮丽的建筑风采、巧夺天工的雕刻神韵而享誉海外，但在我国建筑艺术界却长期默默无闻，国内史籍上的记载几乎为空白，以至于它的照片张冠李戴以讹传讹几十年而难以辨正。这两幅所谓“商船会馆”的老照片将从此告别上海，返回宁波故乡。虽然它们再也不能用于上海城市发展的宣传，但历史真貌得以还原，我们失去的只是本不属于自己的美丽光环。

许多人曾担忧，现实中的商船会馆早已风雨飘摇岌岌可危，庆幸的是，绿地控股集团于 2019 年 8 月 8 日启动修葺商船会馆，同年 12 月 22 日竣工揭幕，成为绿地外滩中心一道意蕴厚重的风景线。

（文 / 景智宇）

闸北行政区划形成与俞国桢的作用

俞国桢（1853.1.30—1932.11.16）字宗周，浙江鄞县人。毕业于杭州育英书院，曾在杭州、德清、新市等地传教，1888年受封牧师，1894年就任上海虹口长老会堂牧师。1903年加入中国基督徒会，1904年至1911年任会正。1904年自办教会，在闸北的海宁路、克能海路口购地建堂，称自立长老会堂。自此，进入闸北社会，直至去世。1906年创办中国耶稣教自立会，终身任会长。自立会延续到1958年，参加联合礼拜。在中国基督教自立运动中，自立会最彻底地实现自治，最早提出挽回教权。从摆脱外国势力的控制，由中国人自己办教会的主张和教会实践看，自立会带动了自立潮流的形成和发展，成为中国基督教三自爱国运动的先声。就是这样一个牧师、自立运动的领袖，却也是闸北市民社会形成和发展的重要推手。

牧师俞国桢

创办商团，率领闸北市民亮相上海

1911年3月，俞国桢和闸北绅商组建闸北商团。发起人有：钱允利、俞国桢、顾宋臣、王栋、马逢伯、王星斋、徐宗鑑、张竟成、陈维新。其中，钱允利是闸北米业巨头，王星斋是中国扇子大王；俞国桢、顾宋臣、马逢伯、徐宗鑑、陈维新是同盟会员；王栋任职闸北市政机构；张竟成身份不详。5月26日正式成立。6月12日，商团开职员会。推选宝山的钱淦为会长，钱允利、俞国桢为副会长，吴龙泉为总司令。商团会长的责任是监督全会执行会务，总司令负责训练。可见，商团以闸北绅商为号召，以同盟会会员为主体。按《闸北商团会章程》的规定，名誉会长和会董推荐产生，正副会长票选产生，任期 1 年，连举得连任。事实上，会长屡次更换，俞国桢多次连任副会长；实际运作中，俞国桢是灵魂人物。

俞国桢竭力组织和操持商团。7 月 16 日举行开操典礼。商团团员由俞国桢、钱允利、吴龙泉督队，列队步行 2 公里到达操场。上海道台、海防厅同知、宝山县令等官方代表，城自治公所、旅沪宁波同乡会、中国国民总会等社团代表，商余补习会，各业商团会团员等 6000 多人与会。上海道台刘燕翼和全国商团联合会会长叶惠钧讲话，俞国桢围绕“勇气、志气、义气”发表演说，鼓舞士气。商团缺少枪械，10 月 16 日，俞国桢让闸北地区最有实力的“上海丝厂茧业总公所”出面，他亲自执笔，要求道台配发枪支。理由冠冕堂皇：汉口起义，局面混乱；虽然银根紧急，实业很难支持，但丝厂并未停工；一旦停工，在闸北为数最多的丝厂工人坐食维艰，极易滋生事端；但丝厂亟需保卫。要求道台照会商团，每夜派人巡逻；当然，应该给商团配发枪支。风声鹤唳中，此要求当然没有结果。

上海光复中，闸北商团至少在 4 个关键环节建立了功勋。第一，上海光复，闸北首义。11 月 3 日上午，闸北起义巡警占领了上海巡警总局。闸北商团按分工占领闸北各要害处。第二，组成敢死团，协力攻打制造局。3 日夜，从闸北起义巡警和商团团员中挑选出的 53 名精干人员组成的敢死团，与各路起义军一起，攻下制造局。第三，保全了对沪宁火车站的控制权。3 日晚，英美势力派军队趁乱越界占领了车站，以达其蓄谋已久的扩充租界、控制沪宁铁路的目的。4 日，闸北商团经过力争，赶走外国势力，驻防车站。革命军和军需从沪宁车站源源不断运往攻打南京的前线，成为生命补给站。第四，保境安民。光复中和光复后，闸北商团各区队日夜巡逻，维持秩序。光复第二天即照常开市，各丝厂开工，闾阎安堵如常，鸡犬不惊。光复后，沈联芳任闸北商团会长，钱允利、俞国桢仍为副会长，团员发展到 1000 余人。

初任沪军都督时的陈其美

时人就俞国桢对辛亥革命所作贡献曾给予高度评价：“革命军兴，防卫闸北，保护沪宁车站，其有功民国，固非盗窃名位者所可比拟。”俞国桢是沪军都督府颁发“奖凭”表彰的50多个功臣之一；闸北商团是沪军都督陈其美颁发奖凭的10个商团之一。光复后，自立会成员任职于沪军都督府的有自立长老会堂董事沈缦云，自立会机关报《圣报》的总主笔徐宗鑑、主笔蔡毓璋，俞国桢的忠实助手陈维新等人。其中，沈缦云的贡献众人皆知；徐宗鑑光复前以湖州旅沪公学教员为职业，与陈其美朝夕相处，协助策划、领导上海光复。

闸北商团建立的功勋和人脉，使闸北市民能够以独特的影响跻身上海社会，使“闸北”以独立的姿态立足上海。光复后，闸北宣告自治，经陈其美批准，建立了市政机构。闸北成为一个与南市并列的行政实体。

推动划界，开创闸北市民公共空间

辛亥革命前，“闸北”只是个地域概念，而非行政区划；泛指吴淞江上两座挡潮之闸以北上海、宝山两县交界处的区域。这两座闸，一座在今福建路桥，一座在新闸桥附近；新闸建成后，分称老闸、新闸。1863年，老闸以北地区被划入租界，“闸北”内涵逐渐演变，泛指吴淞江以北的华界，包括虹口港以西、广中路以南、曹家渡、光新路以东20多平方公里的区域。这一区域的大部分原来是宽9里、直接入海的吴淞江的河床。明朝，吴淞江改入今日河道，从属黄浦江水系，闸北成为水网交叉的滩涂，1850年代，才有外埠贫民在此开垦、筑棚定居。

甲午战争后，苏、杭开埠，允许外商小轮船进入内河。从上海驶往苏南、浙北的小火轮激增，吴淞江北岸今河南北路至福建北路一带，成为上海主要内河码头。19世纪末、20世纪初，淞沪铁路和沪宁铁路相继筑成，两个车站都在闸北。长途汽车、马车、黄包车、独轮车也蜂集蚁聚，闸北逐渐成为上海连接内地的水陆交通枢纽。由于地价低廉，交通便捷，中外绅商到闸北争购地皮，建厂开店。1920年代末，闸北有较大工厂256家，占全市的45.23%，形成缫丝、化工、制药、印刷、粮油加工、机器制造、玻璃、搪瓷等20多个行业，被誉为华界工厂发源大本营。随之，人口激增、商业发展，成为华界商业中心之一。在闸北崛起或获得发展的华商虞洽卿、朱葆三、王晓籁、傅筱庵、沈联芳、夏瑞芳等人，或控制上海总商会，或在其中有重要发言权和决策权。闸北经历了1932年和1937年两次战火，95%以上建筑物变成废墟，绅商不敢再投资，才成为贫民聚集区。而之前，对寓居上海的外省人和侨居上海的外国人而言，闸北都是一块充满商机的热土，都想抓住商机，从中获利。

从军事上看，闸北的战略位置特别重要，并因此得到中央政府的关切。陆路方面：是淞沪铁路的起点，沪宁铁路由此通过，沪宁车站就是后来的老北站。吴淞是上海乃至长江流域的咽喉，历来是兵家必争之地。一旦控制火车站，就能间接控制吴淞口，并能扼断上海对南北的交通。水路方面：吴淞江下游河口已被夹在两租界之间。今西藏路桥以西，河之南已于1899年划入租界，若闸北再被划入，吴淞江将成为租界的内河，中国政府将无法调遣部队和军需。

正因为闸北具有商业和军事的双重意义，公共租界在1899年扩界时，就提出将闸北划入租界。清政府虽然因中日战争新败，不敢对外开衅，只得同意扩界；但对闸北，还是以人口众多，属于宝山县，行政独立，不属“约载商埠”等理由，争持了2年，坚决不准扩界。租界工部局“为公众利益计，不妨暂行取得江督允准之区，以宝山扩充问题，尚待将来解决。”这为日后租界志在必得、中方坚决不让之争埋下了伏笔。

1903年，为抵制租界扩张，闸北绅商集股成立汇通公司，建桥修路，自辟通商场。该公司没有征税权，只是一个得到官方特许、承办市政工程的商业机构。因财政困难和无力抵制租界越界侵权，1906年由官方接办，设上海北市马路工巡总局。1907年，因推广巡警制，改组为上海巡警总局。巡警总局由江苏省出面筹办，管理上海县城、闸北、浦东所有警察事宜，并总揽闸北道路、路灯、卫生等市政，直接抵制租界在闸北越界筑路区域设警和收税。总局跨上海、宝山县境划定辖区，并将辖区划分为10个区，其中的三、四、五、六区在上、宝两县交界处。

在辛亥前的上海地方自治运动中，上海县境内的闸北地区是上海城自治公所下辖12个区域中“上海城”区的北区，以及引翔乡的一部分；宝山县境的闸北地区隶属江湾乡和彭浦乡。光复初，上海巡警总局官员逃走，闸北无人主政。陈其美在巡警总局旧址设闸北民政总局。11月12日即成立闸北自治公所。这是首次出现以“闸北”命名的、自治的行政机构。公所办事处设于新民路闸北商团事务所内，与民政总局联合办理闸北外交、财政、军务、警察等事务。经费初由总董及绅商按月捐助，后征收地方捐税。沿用上海巡警总局所划10区，但各区区长只管警务，另选区董管理庶务。因自治公所系沿用清末地方自治制度临时设置，与1911年11月公布、实行共和政体的《江苏暂行市乡制》不合。1912年3月1日，经陈其美批准，裁撤闸北民政总局和闸北自治公所，改设闸北市政厅，在民政总局旧址办公。选举钱允利为市长、沈联芳为副市长，聘俞国桢为顾问。市政经费初由沪军都督府按月拨付，继借省款接济。按照江苏都督的多次指令，10月起，仿照租界和南市，停收清道、路灯等捐，改收总捐。收捐范围延用巡警总局管辖的“闸北”。

事实上，闸北管辖范围并未确定。《江苏暂行市乡制》规定：“市乡之区域，各以本地方固有之境界为准……市乡区域如有应行变更或彼此争议之处，由各该市乡议事会拟具草案，移交县议事会议决之。”1912年初，闸北市民即向上海县民政长提出划界问题；后按要求拟具草案，上报县议事会；11月初，遭否决。县议会认为闸北市政厅是秩序紊淆时的应急机关；

现局面稳定，闸北市政厅应和上海其他特设的临时机关一样撤销，仍由上、宝两县管辖。宝山县民政署也不同意将最繁荣的区域划出设闸北市，理由很充分："前清设立警局处所，不能遽作为行政区域。"划界事遂陷入僵局。

1912年10月27日，在新民路（今天目东路）闸北总商团会事务所召开闸北市民公会成立会。这是闸北市民的代议机构。时人评说：该会"对于闸北市的确定，是增加不少助力"。俞国桢在会上报告成立宗旨：闸北久为租界觊觎，但上、宝两县一直为该区域的归属问题争执不下，近日宝山人有"宁赠友邦"之说；"吾警商诸君热心爱国，何忍坐视沦亡？是以组织此会，研究进行方法，保全危局。"会议提出："身居闸北之人，即可谓闸北地方之主人翁。"经选举，俞国桢为临时正理事长，杨耀南、黄赞熙为副理事长；朱榜生、任依德、董鲤庭、王星斋、钱达三为财政经理；各区的区董为评议员。俞国桢时任闸北商团会会长，杨耀南、黄赞熙、董鲤庭分别是闸北商团五区、二区、六区负责人。11月24日举行第一次议事会。选举黄赞熙为议事会会长，杨耀南、俞国桢为副会长；庞莱臣等10人为名誉会董；10个区各推选2名评议员；钱达三等分任10个区的区董。可见，该会以闸北商团为基础，以绅商为骨干，具有广泛的代表性。

经闸北市民公会推动，闸北市董越过上、宝两县，呈请江苏省议会复议，未得支持。他们又以闸北市政厅的名义直接向内务部呈请。内务部请江苏都督核办。江苏都督在让上、宝两县查处的同时，派专人到沪，以"华洋交涉较繁之处均由闸北主政""对外不至分歧"为原则，划定了闸北的区域；并确定由两县共管，协调了各方的税收利益。闸北这才名副其实成为一个行政区划，地方自治有了自己的舞台，闸北市民有了一个共同的社会空间。

（文/张　化）

虞洽卿购买三北大楼

上海总商会会长虞洽卿

虞和德（1867—1945）字洽卿，浙江镇海人。1905年起任上海商务总会议董。1916年起任上海总商会会董，1924年任上海总商会会长，1925年递补为全国商会联合会副会长。他曾在租界以30万美元向英商永年人寿保险公司购得广东路93号大厦一所，现在的铭牌称它为“永年大楼”，当年虞洽卿给它取名为“三北大楼”。他所开设的三北轮埠公司、鸿安商轮公司和其他贸易机构，都在该大楼办公，还在顶层附设“航运俱乐部”，形同虞洽卿的“别墅”。除此之外，虞洽卿还有南京西路重华新村、北京西路原1457弄的鸿福里……等房地产。他有二个儿子和四个女儿，大儿虞顺恩、二儿虞顺懋、三儿虞顺慰，大女贵徵（澹涵）、二女秀徵、三女小名叫“大妹”，四女云徵。虞洽卿去世以后，地产部分由他的第三个儿子虞顺慰主持，定名为三慰地产公司。

广东路93号三层大楼，由英商永年人寿保险公司投资，建成于1910年，由通和洋行设计，高三层，为西方古典式建筑。建成后，英商永年人寿保险公司入住，所以有称“永年大楼”的。但是虞洽卿接盘后，人们都称它“三北大楼”。

“三北大楼”是虞洽卿遗产的一部分。虽然是虞洽卿的产业，但是，投资购买所用的这三十万美元，不是虞洽卿自己拿出来的，而是向美商贷借而来的，美商也不是直接的，而是从天主教三德堂转借的。这事保密了30多年，直到1953年上海轮船业公私会营时才解密。

解密的经过是这样：1945年虞洽卿在重庆去世后，他的轮船产业三北轮埠公司归他的长子虞顺恩和三儿虞顺慰，称三北轮船公司甲组，鸿安轮船公司归他的二儿虞顺懋，称三北轮船公司乙组。这两个公司因各种原因，经营上有所亏损，三北公司公私合营时清估财产的结果表明，三北轮船公司尚有少数余额，而鸿安轮船公司负债超过资产，而且数量较多，除了以房地产加入外，别无办法。

那时公私合营上海轮船公司就设于广东路93号，其原因就是这栋大楼当作抵补鸿安轮船公司亏空的一部分，人们才了解这栋楼有这些秘密。

（文/陆梓晋，原载《上海总商会的宁波人》）

虞洽卿路命名前后

1936年，上海路名有个小小的变化，说它小，影响却不小。位于市中心有一条西藏路改名为虞洽卿路。原因是，那年虞洽卿70岁，且旅沪55年。为给虞洽卿庆生，宁波旅沪同乡会、四明公所、第一特区市民联合会等团体举行虞洽卿七十寿辰暨旅沪五十五周年纪念仪式。7月5日，纪念仪式在上海市商会大礼堂举行，上海市商会大礼堂就是建成于1916年的上海总商会议事厅，这个会场能容纳800人，据报载，那天，出席这个纪念仪式的政界、商界和社会名流七八百人，有蒋介石的代表陈立夫等政府官员，各国领事等人，商界人士有荣宗敬、刘鸿生、秦润卿等人。

虞洽卿不仅担任过上海总商会会长，成为经济界领导人物，还担任华人纳税会会长、工部局华人董事等职务，各种职务多达100多个，特别是1925年北京政府任命他淞沪会办，相当于后来市长的职务，所以人们对于他的社会贡献，趋于认同。纪念仪式后不久，第一特区市民联合会（公共租界范围）倡议，拟请工部局将公共租界内某一道路，命名为“虞洽卿路”，以永久纪念他的功绩。

改路名，竖路牌不是件容易事，当时各界人士议论纷纷，有人建议，将虞洽卿住宅所在的马路海宁路改为虞洽卿路，但是这个建议很快被否定，原因是海宁路商店少，不够热闹，影响也不大。又有人提出，将位于宁波旅沪同乡会所在马路西藏路更名，这条建议很快被采纳，因为西藏路商业繁盛，从爱多亚路（今延安东路）一路向北，北海路、广东路、福州路、汉口路、九江路、南京路、北京路、苏州路，马路两旁商店鳞次栉比，大店名店多，影戏院、饭店、餐馆、教堂一应齐全。西藏路是南北向的马路，按上海马路门牌编号规律，南北向马路，自南起，门牌号数依次递增，在马路东侧，以从爱多亚路到北京路一段，90 号是远东饭店、120 号是东方饭店（今上海市工人文化宫）、200 号是大中华饭店、270 号是一品香中西旅社、316 号是慕尔堂，到西藏路与南京路东北交汇处有大新公司（今第一百货），大新公司门牌归南京路，南京路 830 号。大新公司再向北，480 号是宁波同乡会，宁波同乡会楼现已被拆除，如果提起当年上海申花足球俱乐部所在地的话，或许能勾起人们的依稀记忆。毗邻着宁波同乡会的是大上海大戏院，大上海大戏院当年是西藏路 500 号。这样一条繁盛的马路，不但发起者各界代表觉得有纪念意义，而且虞洽卿本人也开心，因此他在为庆典仪式上，洋洋自得，说了一番至今听起来还顺耳的话，他说："我 15 岁到上海，那时，上海虹口还没有这么多房子，只有太智里、清云里，而渡苏州河亦只有 3 座桥，而今有 13 座桥了。那时外国人在外白渡桥组织小公司每人收过桥费二文，……在租界，华人待遇极不公平，公园、跑马厅不准华人入内，最可笑的，华人马车赶过洋人，要罚银二十五两，大马路行人道，华人若碰到洋人，即遭拳击。华人运动，自四明公所事起，继之则有俄军舰军官用斧误杀周有生案，第三次为大闹公堂案，我都参与其事。我用一句话概括：民气压倒了洋气。"从他讲演，也了解到，虞洽卿在上海半个多世纪，服务社会，功勋卓著，主张公道。工部局经过商量，同意更改路名。

然后，发起者宁波同乡会等团体扩大为上海市商会、第一市民联合会等 16 个团体共同组成"虞洽卿路命名仪式筹备会"。

1936 年 10 月 1 日清晨，原有 5 块西藏路牌都换上新路牌，并且还增添了 9 块。那天上午 10 时，在上海跑马厅（今人民广场）举行虞洽卿路命名典礼。虞洽卿在万国商团中华队总教习徐通浩陪同下检阅了万国商团中华队的列队和方阵。检阅完毕，还进行了整队巡行。最前面是马巡队，依次为军乐队、护旗队、中华队、虞洽卿礼车、翻译队、各团体代表队。巡行结束后，11 时 30 分，在宁波同乡会又举行了庆祝大会。各国驻上海领事馆、工部局官员，上海的一些洋行均派代表到会以示祝贺。上海各社会团体，工商界主要人物，政界、新闻界、金融界的代表以及宁波、杭州、安徽等同乡会、商会等或发贺信贺电，或派代表表示祝贺。会后，还以典礼中的巡游队伍为背景，专门印制了明信片。

虞洽卿路命名至今流传，毕竟上海马路以个人名义命名的不多，除以外国人名命名的霞飞路（淮海路）、贝当路（衡山路）、贝勒路（黄陂路）等之外，以商人名字命名的路名更少，仅还有朱葆三路（溪口路），所以有人曾把 1936 年的上海称为“虞洽卿年”。

根据《上海地名志》记录，虞洽卿路在 1943 年改为西藏中路。路名沿用有 7 年之久，对于老上海来说，这是一件难以忘却的事件。

（文/文 舟）

宋汉章体恤行员建造“中行别业”

宋汉章是上海中国银行经理，其实他的薪给收入仅够度日，他从不为自己的私人利益有所打算，也不妄用公家分文，凡有酬酢，几乎都是自己掏腰包，外界致送车马酬谢等费一概谢绝，诸如他曾任上海总商会会长多年，按例致送的车马费全部璧还，担任华洋义赈会会长为时很久，也是完全义务，甚至在他一手创办的中国保险公司担任董事长近20年，从未向公司领取分文报酬，为中国保险公司对外交际及欢宴，同往的同仁也概由他本人支付，像他这样公私分明，甚至还要以私济公，可说是奇人奇事，而他对此固执成见，无可劝说，且绝非出于做作，过去上海中行工作人员自上而下一贯比较艰苦朴素，受宋汉章的熏陶，非出于偶然。

上海中行早期备有马车，而后改备汽车，原供经理乘坐，而宋汉章外出如非远道或要事，每喜步行，而把车辆常供职工运送要件之用。某日清晨，因事徒步走访永丰钱庄经理田祈原，工友见来访者衣衫朴素，且步行而来，估量或有求于田经理，于是诡称田经理尚未到来，宋汉章遂到别处稍事盘桓，而后再到，时适田祈原送客及门，一见宋汉章，即下阶相迎，殷勤有加，工友见状不禁木然，田祈原问宋汉章因何这么早下访，宋汉章说已先奉访一次，承贵价见告，台驾尚未到庄，故又重访，田祈原明知工友说谎，只说有失迎迓，务请原谅。老上海只认衣衫不认人的情形常有，而宋汉章对此毫不介意。

宋汉章早年携眷在沪，居处狭小，他本人经常因公宿于三马路（今汉口路）中行三楼一间小房，平时从家到行，由行回家习于步行，邻家从未知其为中国银行经理，随后因人口增加搬迁至一稍宽的普通住房，居住多年不期有所改善，时总行来员以宋汉章住所似此简朴，认为应该有一所与其身份相称的宋公馆，遂由总行出资购买一所坐落在金神父路（今瑞金路）的小型西式住房，送给宋汉章以示酬劳，而宋汉章坚持不受，经过大家恳切进劝，方同意迁住进去，而按月照付房租，在行立户存储，仍以一个房客身份，对待总行所赠予的这所住房。

宋汉章鉴于中行在职人员工作繁忙，家属住处散居市内，而居住面积大都狭隘，时有一冯姓职员因病去世，宋汉章前往吊唁，见其一家多人侷处一室，日常卧铺也要晚搭早拆，当时连陈尸之地也成困难，宋汉章见状为之恻然，认为似此境况，怎能使人安居乐业，而今死者已矣，对生者居处应该有所改善，因决定在西区极司非而路（今万航渡路）购地建造同仁宿舍。1923 年 10 月 31 日，经中国银行常务董事会讨论决议，建造第一批砖木结构三层楼房屋 7 排（幢），53 个单元，住宅区中间建造 1 座 4 层楼礼堂，名其地为中行别业，意思是中国银行在营业用房以外所置的房屋。1929 年，中行又批准建造连接式花园房屋 1 排（幢），9 个单元。1934 年又陆续增建砖木结构三层楼房屋 8 排（幢），42 个单元，混合结构四层楼公寓 6 排（幢），12 个单元和四层楼单身宿舍 1 排（幢），3 个单元。1946 年又扩建混合结构五层楼公寓 2 排（幢），10 个单元。合计建筑面积 54 263 平方米，为中国银行职员宿舍。中行别业的几批房屋，分别有花园、公寓等不同形式的造型和不同标准的生活实施，按照职员的职务高低分类居住。最初建造的房屋分单幢双幢，襄理以上住双幢，主任和一般职员住单幢，而每户居住面积都达百余平方米。中行别业位于今万航渡路，北靠武定西路，东邻忻康里、协和里，由 1 条东西朝向的主通道，3 条南北向和 10 条东西向的支通道组成总体平面，占地 46.17 亩。

由于中行别业距行址较远，遂购备大型汽车，早接晚送，使职员与眷属早夕相聚，同事之间彼此照顾，犹如一个大家庭，并自设小学，使职员的年幼子女就读称便。宋汉章这一措施，认为有利于银行人事的管理。遂为上海其他银行所钦慕，于是相继效仿，继中行建造中行别业之后，大陆银行投资在虹口山阴路建造了大陆新村，浙江兴业银行投资在霞飞路（今淮海中路）建造了上方花园。

（文 / 陈安性）

修建外白渡桥轶闻

上海外白渡桥，与邻近的南浦大桥和杨浦大桥相比，真是小巫见大巫，算不了什么。可是在老上海，由于它处于苏州河和黄浦江的交叉口，担负着苏州河南北两岸交通要道的任务，桥上人来车往相当拥挤。20世纪初，外白渡桥还是一座木板桥，大有不胜负担之感，而视其发展趋势，将随着市面的日益繁荣而愈加拥挤。于是英租界当局下了决心，要把它翻造成新型钢架牵引桥。在那时，这是全上海第一座大桥，可算是一项大工程。

按照租界当局规定，凡是在租界内规模较大的建筑工程，都必须由洋人设计，经租界当局外籍高级官员审批同意，然后只能由外国厂商承包，中国人开设的营造厂是没有机会承包的。

建桥工程开始后，外白渡桥建筑工地一片忙碌，根据施工方案按部就班顺利进行着。首先，在河岸两边造桥墩的周围打下了大批木桩，接着拦起了铁壳子，排除了被围起来的泥水。随后，就动手浇灌钢筋混凝土桥墩。经过一番努力，不久，外观新颖的桥墩就矗立起来了。这时，外商营造厂和工务局的洋人们个个满面春风，得意非凡。但是，很快发现：原来打进河底的这许多木桩，在建成桥墩后，仍需把它一根根拔出，否则，下一步工程就难以进行。当时，没有起吊条件，要把这一大批一头深深埋在河底的木桩一根一根拔出来，决不是容易的事。这一来，这些洋人傻眼了，他们天天围在工地上团团转，一筹莫展。木桩拔不出，造桥钢架就安不上，桥面就铺不成，误了工期就得吃赔账。这可怎么办？经过再三商量，在无可奈何之下，觉得只有破例把拔桩工程公开登报招标，也许能找到一些办法。可是，这一来，就意味着华商也可投标承建这项大工程了。这是营造商破天荒第一次大事，轰动了全上海华商营造厂，许多营造厂争相派人前来，都想抢造这项工程。但多数人看了场地后摇摇头，望桩兴叹；也有些人好像有办法，准备投标一试，但究竟如何，要看各人神通了。开标结果，出乎意外的却被姚新记营造厂得了标。

姚新记营造厂的老板叫姚锡舟（锦林）江苏上海人，是上海总商会会员。他到建桥工地看了后，脑子里一转，就胸有成竹。在投标前，他计算好了木桩需要吨位的力量，又花了几天工夫，亲自到苏州河口去观察潮水涨落情形，经过测算，想出了一套成本低、收效快的办法。得标后，他既不动用大批人工，也不用什么机器设备，工地上看不到丝毫动干戈的迹象。只见姚锡舟和几个工人，趁苏州河落潮的时候，驾着好几只有相当吨位的民用木制空船，把露在水面的主要木桩紧紧扎在空船上就完事了。待苏州河潮水一涨，空船随着河水上涨，逐渐升高，紧扎在空船上的木桩，随着水涨船高，慢慢从河底一点一点上升，终于拔出来了。定点先拔的木桩拔出后，基础松动，其余木桩自然不在话下。原来洋人们无法解决的问题，没有几天工夫，被姚新记营造厂轻而易举地解决了。

这项工程的成功，震动了英租界的工务主管部门。他们这才认识到姚锡舟的实力，觉得让姚锡舟新记营造厂来承建大桥工程，其可靠程度超过洋商营造厂。于是破格到底，把桥面和配装钢架工程一并交给姚新记承包。从此，姚新记的名字不胫而走，在本市承造了中央造币厂、中孚银行、怡和纱厂、法国总会等大建筑；在青岛、汉口等地也陆续建造了许多著名工程；还参加了中山陵的主要工程——陵墓和祭堂的营造。

（文/楼德型）

上海银行公会大楼的选址和建造

1915年7月，中国银行上海分行副经理张嘉璈和周围人物形成了一个金融界午餐会，他们每天中午聚餐，互相交流信息和交换意见，促成了不少实事。这个金融界的午餐会应是上海银行公会的雏形。徐寄卿在《希望民国十年之银行公会》一文中评价午餐会互相接近的那段时期是上海银行公会的“精神结合时代”。

1917年9月，经庄得之介绍香港路一处房产。庄得之是盛宣怀夫人庄氏的兄弟，是上海总商会会员，当过买办，是上海银行的大股东。他知道上海银行公会在选址，于是向银行公会推荐。香港路这一处房产占地1.5亩，有2栋洋房，洋房后面还有一空地。房主索价洋房银规元5千两，地皮索价5.25万两，几番协商，地皮不还价，洋房3.5千两，两项合计5.6

位于香港路59号的上海银行公会

万两。银行公会拿不定主意，几次发函请示已经调往北京中国银行总行担任副总裁的张嘉璈，得到明确回复后，各银行垫款买下香港路 3 号、4 号两栋洋房作会所，全部办妥手续，已是 1918 年春了。从上海银行公会留下当时买卖房产的文献看，银行公会方面颇为得意，其中有一段描绘："香港路闹中取静，树木葱茏，空气充足，北对苏州河，临近外滩，环境优美。"并说洋房后面有一块空地或可作打球之用。

1918 年 7 月 8 日，上海银行公会正式成立，除中国、交通、浙江兴业、浙江地方实业、上海商业储蓄、盐业、中孚 7 行外，聚兴诚、四明、中华、广东、金城 5 行次第加入，会员银行达 12 家。各行代表议定了《上海银行公会章程》53 条，并按照章程选举宋汉章、陶兰泉、盛竹书、倪远甫、李馥荪、陈光甫、孙景西 7 人为董事，复由董事中互选宋汉章为会长，陈光甫为副会长，李馥荪为书记董事，呈报财政部及各官厅备案。同年 10 月 19 日，上海银行公会举行正式开幕典礼，当日《申报》头版头条刊登大幅消息"银行公会今日开幕"。《银行周报》刊载了开幕盛况：开幕典礼在香港路 3 号 4 号，屋内悬挂中外政商各界颂辞以及对联，屋后隙地搭盖五色彩绸天幔，门前高悬国徽。中午 12 时至下午 2 时接待外宾，下午 2 时至 4 时接待华宾。来宾中有财政部、农商部、江苏省、沪海道尹、警察厅的代表以及上海总商会会长；各国领事及商务参赞均派代表到会，各外国银行大班、各洋行大班、各钱庄、各公司经理、报馆记者多莅会参观。银行公会方面组织各银行经理作为招待员导引来宾参观并款以西点。香港路车马盈门，颇为热闹，来宾不下千人，可谓盛也。

1850 年的香港路，仅为四川路至虎丘路短短一段，银行公会在香港路洋房办公约莫四五年，因为公会业务范围扩大，进驻人员增加，办公场地显得拥挤，于是有了重新选址建造新厦的打算。为选新址，银行公会 1922 年 5 月 26 日至 28 日连续在《新闻报》上刊登购地通告：

购地通告刊登后半个月，应征者仅有三处，一是在黄浦滩即东亚银行旧址，计价六十万两；二是在博物院路（今虎丘路），共二亩五分余地，计价每亩五万两；三是在二马路（今九江路）与三马路，山西路与山东路之间，共四亩四分余地，计价二十四万两。于是，银行公会开会讨论。讨论结果，认为："地段均不适宜，而地价又昂。"于是，银行公会打消了另行觅地的念头，决议在现有地点建造新屋。为郑重而期完美，房屋设计图样公开登报征求。

从当年的档案材料看，银行公会已经在讨论，是请外国洋行设计大楼，还是请华人公司设计大楼问题了。当时大陆银行经理叶扶霄得此消息，会同浙江兴业银行副经理孙陈冕、上海商业储蓄银行总经理陈光甫等联名书面提议，会所兴建拟请华人建筑公司承建。此函仅数行，在此照录主要内容：

"……查沪埠习惯巨室之建筑，其打样包工每信托外人。今查华人之建筑公司亦复不少，本会之组织纯系华人，似宜信托华人，则公会之房屋如何打样、如何包工应注重于华人之建筑公司。敬具提倡之诚意即有造就之实力。每叹华人事业不易发展，其弊在信内之心不如仰外之切，敝行等有所感觉拟力矫此弊，敢贡一言，借供采纳，想本会同人皆明达者，必能赞助斯义……"叶扶霄、孙陈冕、陈光甫等人感叹中国人的事业不容易发展，问题的症结在于中国人相信外国人的能力，而不信任自己的能力。因此，他们要"力矫此弊"。

不久，银行公会开会讨论采纳了叶扶霄等人的书面提议，在20余家投标的中外建筑公司中，大胆选用东南建筑公司。东南建筑公司创于1921年春，全由华人华资设立，在承建上海银行公会大楼之前，设计并建筑了南京国立东南大学全部校舍，国立暨南学校之新校舍以及上海交通大学新屋。该公司中标后致上海银行公会函写道："沪地建筑事业几乎完全掺于外人之手，而彼等所具学识亦并无特别优胜我国人之处，是以设此公司专谋以最上等之建筑学识贡献国人并免使建筑权利之外溢。"东南建筑公司也认为，我国的建筑事业掌握在外国人手中，为免使建筑权利之外溢。

设计由东南建筑公司承担，建造由赵新泰营造厂承建。赵新泰营造厂主赵增涛（1866—1937）是现浦东新区合庆镇人，是沪绍水木公所的董事，

上海银行公会大楼底楼大厅的上方匾额有“金融枢纽”题字

是杨斯盛的爱徒，在建造上海银行公会大楼前曾承建过江海关第二期工程，在业内声誉颇佳。

上海银行公会自1922年决议翻造会所，为筹措资金发行“上海银行公会房地产公债”，定额上海规元30万两，分作3000份。每份实收规元100两，利率按5厘计算，以新屋及地产作为担保，另订简章，并报预算。在房屋翻造的这段时间里，银行公会暂借交通银行空余的房屋办公，《银行周报》暂借中国银行旧址办公。至1925年7月银行公会新厦次第落成，办公人员迁回新屋。办公人员搬回新楼约莫半年后，于1926年2月17日才正式举行落成典礼。

90多年过去了，事实证明，香港路的银行公会大楼无论是外观，还是内部配套设备的合理性以及坚固程度都不亚于外国人所设计的建筑。该楼已被上海市人民政府立为市级建筑保护单位，并作为“外滩源”保留建筑之一，重现当年“金融之枢纽”的风采。

（文/王昌范）

钱业总公所议事场所——内园

打开《上海钱业史料》，在卷首有一幅钱业总公所“内园”的照片，这幅照片经常在各种记录上海金融业发生、发展的文章中刊用。它是上海发展成为国际金融中心可以追溯历史的一个节点，也是一个时代的印证，更是一个城市的记忆。

1902 年上海商业会议公所发起成立时，有 70 多名各业会馆公所的董事参加，在这 70 多名会馆公所董事中钱业公所的董事是缺少不了的。最初出现在近代商会名录中的钱业公所董事有浙江余姚人、承裕钱庄谢纶辉，浙江慈溪人、崇余钱庄袁联清（鎏），他俩代表北市钱业公所，另一位是浙江鄞县人、立余钱庄的林莲笙（世杰），他代表北市钱业公所，他们 3 位是上海商会的重要会员之一。钱业当时分南市与北市，而南市和北市又有一个联合的组织机构，叫钱业总公所。钱业总公所历史悠久，可以追溯清乾隆年间。钱业总公所留给城市记忆的就是位于黄浦江以西，紧邻新开河的豫园商城，各地游客如果第一次到访上海，豫园是非去不可的，绕过湖心亭、九曲桥，古色古香，颇具江南园林风格的豫园便映入眼帘。

内园。原为上海邑庙豫园的一部分，早在 200 多年前即由钱业购下作为“公所”。地址在今上海豫园路 168—170 号

豫园位于上海老城厢东北部，北靠福佑路，东临安仁街，西南与老城隍庙、豫园商城相连。它是老城厢仅存的明代园林，也是上海规模最大、保存最完整、历史最悠久的古典园林，堪称“东南名园冠”。

豫园始建于1559年，原是明代四川布政使潘允端的私人花园。园内楼阁参差，山石峥嵘，湖光潋滟，有“陆具岭涧洞壑之胜，水极岛滩梁渡之趣”，素有“奇秀甲江南”之誉。关于园名，潘允端在《豫园记》中注明，“匾曰‘豫园’，取愉悦老亲意也”。“豫”，有“安泰”“平安”之意。现除荷花池、湖心亭及九曲桥划为园外景点外，全园大体可分成东部、西部、中部以及内园四大景区，有大小景点48处。豫园正门处是三穗堂，清乾隆二十五年（1760年）建。原为乐寿堂，清初曾被征为上海县衙办公之地，改建西园时重筑为三穗堂。其意“禾生三穗，乃丰收之征兆”。有5间大厅，屋宇宏敞。大厅中间有“城市山林”和“灵台经始”匾额。匾额下是当代书法家潘伯鹰书写，豫园主人潘允端撰文的《豫园记》，扇上雕刻着稻穗、黍稷、麦苗和瓜果。三穗堂南临大湖，堂前桧柏分植，景观颇广远，“湖心有亭，渺然浮水上，东西筑石梁，九曲以达于岸。”点春堂于清道光初年（1820年）为福建花糖业商人所建，以作公所之用，共5间。厅堂画栋雕梁，宏丽精致，门窗的扇上雕刻戏曲人物，栩栩如生。堂名取宋代诗人苏东坡词“翠点春妍”之意。咸丰三年（1853年），点春堂为小刀会城北指挥部。当年为建造豫园，潘允端花重金聘请园艺名家张南阳，担任设计和叠山，张南阳善堆假山，故号“张山人”，“卧石生”。豫园内的假山，就是出自这位大师之手，由千吨武康黄石堆砌而成。“玉玲珑”是豫园的另一件镇园之宝，其连座高约二丈，呈清黝色，姿态婀娜，周身多孔，具有“皱、瘦、透、漏”之美。据说，“以一炉香置石底，孔孔烟出；以一盂水灌石顶，孔孔泉流”。中部景区有得月楼、绮藻堂等，得月楼建于清乾隆二十五年（1760年）后，光绪十八年（1892年）重建，取“近水楼台先得月”之意而名。得月楼为二层楼房，两面临水，建筑精致，画梁彩栋，修廊曲栏，华丽幽静。楼前有“皓月千里”匾额，皓月当空时，俯视湖心亭，九曲桥上月光，别有情趣。内园面积仅 2 亩余，但十分精致，亭台楼阁、泥塑砖雕、名树古木、石峰小桥，一应俱全，布局紧凑而曲折幽深。

豫园经过几次劫难，园内景点破败，树木凋零，园林荒芜。新中国成立后，政府拨款对豫园进行多次重建和整修，许多景点得以恢复。园内亭台楼阁以及假山、池塘等 40 余处古代建筑，用料考究，布局精巧，清幽秀丽、玲珑剔透，体现明代江南园林建筑艺术的风格，是江南古典园林中的一颗明珠。1959 年，豫园被列为市级文物保护单位。1961 年，开始对公众开放。1982 年 2 月，由国务院公布为全国重点文物保护单位。在 1999 年 5 月 18 日，豫园建园 400 周年之际，江泽民同志题词“海上名园”。

（文 / 文　舟、赵　军）

有形无形的“桥”

近代上海商会曾被誉为“中国第一商会”，被学界认为是“成立最早、资格最老、影响最大”的商会。为什么这么说，因为它早于苏州商会，苏州商会创设于1905年；它早于天津商会，天津商会创设于1903年。而上海商业会议公所，即上海总商会前身，它成立于清光绪二十八年，公元1902年，所以说，它成立最早。夸上海总商会资格最老，是因为上海总商会在近代重大历史事件中率先“登高一呼”，比如：1905年的“抵制美货，收回利权”，形成全国上下的爱国热潮，就是从上海商会发起的；辛亥革命，攻打江南制造局，也是上海商会所属的商团成员冲锋陷阵，攻入江南制造局大门……。再说影响最大，上海商业会议公所制定的《上海商业会议公所章程（六条）》，不仅是近代商会最早的章程，而且成为各地设立

1915年落成的上海总商会议事厅大楼

商会的章程范本，而它对于清政府制定《商会简明章程》有着直接的借鉴作用。

既然说《上海商业会议公所暂行章程（六条）》是近代商会的第一份章程，影响最大，那这份章程说些什么？概括起来是这样 18 个字：“明宗旨、通上下、联群情、陈利弊、定规则、追逋负”。

在传统观念里，“士农工商”，人们总是将“商”位于“四民”之末，商民的地位受到影响，振兴商务谈何容易。而西方观念是“以商为四民之首”。章程第一条“明宗旨”，是指兴办商会为了振兴商务，以振兴商务来提高商民地位。而第二条“通上下”则是希望商会打破由来已久的官商隔阂。旧时商事如遇难处，无人承上启下，无法开通关节，于是这份章程把商会的作用确定为“上传官府之德意，下达商贾之隐情，务使（官商）融洽联贯，有可以藉手著力之处，随时禀请办理”。

我们现在将商会的作用形容为纽带、形容为媒介、形容为桥梁，其实，早在一百多年前，已经提出这种观点。通上下，恰似初版的“桥梁说”。

商会与官府以及会审公廨的桥梁关系有文献记载也有照片为证，有幅珍贵的历史照片出自上海总商会档案，至今已有 100 多年了。画面上的人物依稀能辨认出：前排坐者左三是曾任上海商业会议公所坐办的周金箴。周金箴亦商亦官，官至花翎二品顶戴指分江苏试用道。前排坐者左五、六是会审公廨谳员宝子观和聂榕卿。中站立者左一为“钟表大王”孙梅堂。他继承了父亲开设的美华利钟表号，通过批零兼营、股权并购等一系列运作，尤其是接盘上海南京路的亨达利钟表行，将当时上海钟表业推向高峰。画面中孙梅堂约莫 30 岁，头戴官帽，似乎已捐了官职。左四的一位叫金琴荪，时为商务总会议员。左五是著名怡和洋行的买办潘澄波。后排三人，其中两人后来都担任了上海总商会会长，左二是大名鼎鼎的虞洽卿，20 世纪 40 年代西藏中路一度称为虞洽卿路，即此人也。右边一位是朱葆三，上海滩也有一条马路以他名字命名，现在这条马路叫溪口路。

近代上海，有一份《图画日报》，出版的年代与上海商会年代相近。这

1915 年上海总商会议事厅落成纪念

份《图画日报》留下了一幅“商务总会”图片，上面写道：“因会址狭隘，赁屋终非久计，欲购铁马路天后宫余地筑屋，唯地价昂贵，尚在磋商。”以往研究商会的文章只反映上海商务公所资助革命党人陈其美。以陈其美为首的军政府投桃报李，将铁马路（今河南北路）天后宫地皮赠予上海商会。现在得知，商会早就有购买这块地皮打算，只是费用不足而已。“攻打江南制造局”这一声枪响，给上海商会带来了一个千载难逢的机遇，成就了梦寐以求拥有自己会所的愿望。

上海总商会于 1912 年 9 月开议建楼的事宜。1913 年 2 月得到捐款 6250 余银两，各业捐 1.9 万余两。当月开工，工程预算为 6.4 万两。1914 年 11 月因议事厅大楼即将落成，而工费缺口很大，协理朱葆三提议以总商会名义出售无利公债票，此方案解决了资金问题。1916 年初，以议事厅为主体的总商会办公楼竣工。办公楼有 3 层，一楼有车库和办公室，二楼有大议事厅，三楼有会议室，楼顶是一个露天大阳台，楼外是宽畅的庭院，设有两道铁门，门内西南角竖有建造碑及碑亭。建筑决算计 12 万余两。

100 年过去了，上海总商会现可安好？笔者在行文之前寻访了位于河南路桥西北拐弯处的这栋老楼。这栋老楼经华侨城（上海）置业有限公司精心打造、修葺一新，现在已经成为国际知名品牌宝格丽酒店的一部分。远远望去，外墙立面几何图形对称，窗户四周雕饰着簇簇花絮，颇具巴洛克风情，正门上方精致的细部，依稀还能看到镶嵌着椭圆形的玉刻“上海总商会”。

如同上海商会那样，商会大楼独具匠心的还是它的门。商会大门建造在颇具江南水乡特色的石桥上，进门必须由东西两边拾级而上，100 年前形成的这座有形的“桥”，是商会的老前辈创意，还是设计师的创造？无论是创造还是创意，对于商会而言，“桥”的意味实在太深刻了，耐人寻味。

（文 / 王昌范）

图书在版编目(CIP)数据

上海总商会纪事. 史迹寻踪/徐惠明主编;王昌范编著. —上海:上海人民出版社,2020
ISBN 978-7-208-13634-2

Ⅰ. ①上… Ⅱ. ①徐… ②王… Ⅲ. ①商会-商业史-上海-民国-通俗读物 Ⅳ. ①F729.6-49

中国版本图书馆 CIP 数据核字(2020)第 195965 号

责任编辑 李 远 王继峰
封面设计 范昊如 夏 雪 等

上海总商会纪事
——史迹寻踪
徐惠明 主编 王昌范 编著

出 版 上海人民出版社
(200001 上海福建中路 193 号)
发 行 上海人民出版社发行中心
印 刷 上海商务联西印刷有限公司
开 本 720×1000 1/16
印 张 42
插 页 6
字 数 563,000
版 次 2020 年 12 月第 1 版
印 次 2020 年 12 月第 1 次印刷
ISBN 978-7-208-13634-2/K·2491
定 价 168.00 元(全三册)